WINTERHOLZ

Walter Mooslechner

WINTERHOLZ

VERLAG ANTON PUSTET
Salzburg – München

Die Deutsche Bibliothek – CIP-Einheitsaufnahme
Mooslechner, Walter:
Winterholz / Walter Mooslechner. – Salzburg ; München :
Pustet, 1997
ISBN 3-7025-0364-1

© 1997 Verlag Anton Pustet
A-5020 Salzburg, Bergstraße 12
Sämtliche Rechte vorbehalten.
Gedruckt in Österreich.
Lektorat: Gertraud Steiner
Layout: Sieglinde Leibetseder
Druck: Salzburger Druckerei
ISBN 3-7025-0364-1

INHALT

Vorwort 6

I. AUS DER GESCHICHTE DES SALZBURGER WALDES 7
1. Der Mensch entdeckt das Holz 7
2. Schutz und Ordnung für den Wald 8
3. Wandel in der Verwaltung der Wälder .. 13

II. DER WALD ERFÜLLT VIELE AUFGABEN 17

III. HOLZ UND SEINE EIGENSCHAFTEN 23

IV. AUS DEM HOLZKNECHTLEBEN FRÜHERER TAGE 31
1. Geschichtliches 31
2. Bei den Holzknechten im Wald 34
3. Vom Holzziehen und der Brautfuhre ... 39

V. ÜBER HOLZAUSFORMUNG UND SORTEN 51

VI. GEHEIMNISVOLLES HOLZWACHSTUM 53
1. Alte Baumkulte 53
2. So entsteht Holz 56
3. Holzschlägerung zum richtigen Zeitpunkt 58
4. Die goldenen Regeln für die Bau- und Werkholzschlägerung 61
5. Gibt es Holz, das nicht brennt? 61
6. Die ganz besonderen Tage 63
7. Nicht jeder Baum ist für jeden Verwendungszweck geeignet 63
8. Holz vom richtigen Standort 65
9. Richtige Schlägerung und Transport ... 65
10. Sorgfältige Trocknung und Lagerung von Bauholz 66
11. Der Einfluß des Mondes 67
12. Die Mondphasen im einzelnen 68
13. Die Sternzeichen 70
14. Alte Holzschlägerungs- und Holzregeln 70

VII. „BAUHOLZRICHTEN" NACH ALTER ART 73

VIII. DAS HOLZ UND DIE ZIMMERMANNSKUNST 77
1. Von alten, sonnengebräunten Holzfassaden 77
2. In Harmonie mit der Landschaft 81
3. Denkmalhof „Kösslerhäusl" 84
4. Holzverbindungen an Bauwerken 85
5. Fenster und Türen, die „Augen" des Hauses 89
6. Zauber im Holzbau. Von Firstpfetten, Stirnbrettern und der Vordachschalung.. 96
7. Dämonen, Hexen und Geister 99
8. Gänge und Balkone 102
9. Das Schindeldach 104
10. Der Glockenturm auf dem Bauernhaus 111

IX. ÜBER ZAUN, HAG UND SCHRÄG 115
1. Von dreierlei Zäunen 115
2. „Nachsinnig" und „widersinnig" beim Zäunen 118

X. HEUSTADEL IN DER LANDSCHAFT 122

XI. DER GETREIDESPEICHER ODER „TROADKASTEN" 127

XII. ALS DER BAUER NOCH MÜLLER WAR 132
1. Von den alten Gmachl-, Floder- und Wolkenbruchmühlen 132
2. Das Innenleben einer Radmühle 133

Literatur- und Bildnachweis 136

VORWORT

„Und wenn ich wüßte, daß morgen die Welt unterginge,
ich pflanzte heute noch einen Baum."
Martin Luther

Einen kleinen Einblick in die Geschichte und Arbeitswelt unseres Waldes gewährt der vorliegende, reich illustrierte Band „Winterholz".

Geheimnisse über das Wachstum der Bäume, die Eigenschaften wie die vielseitige Verwendbarkeit des Naturstoffes Holz bilden den Kern dieser Dokumentation. Genauso berücksichtigt sind aber Traditionen des Holzknechtlebens, durch Generationen überlieferte Holzschlägerungsregeln aus dem Salzburger Gebirgsland, Besonderheiten und Vielfalt in der Holzbauweise und allgemeines Wissen zum Thema Wald.

Bei meinen umfangreichen Vorarbeiten habe ich auf mehr als 3000 Fotografien Ansichten von geschichtshaltigen Bauwerken, Traditionen der Holzbauweise, ihre Schönheit und Handwerkskunst festgehalten. Dazu kamen Fotografien aus alten Beständen und Sammlungen, die oft einmaligen Erinnerungswert besitzen. Nur eine bescheidene Auswahl dieser Bilder kann hier zur Veröffentlichung gelangen.

Diese Illustrationen und alten Ansichten haben großteils archivalischen Stellenwert. Sie sollen aber auch zum Ausdruck bringen, in welcher Harmonie Mensch und Holz über Jahrhunderte zusammenlebten und mögen so, in Begleitung zum Text, meinen Leserinnen und Lesern die Augen öffnen für das außerordentliche Feingefühl, den hervorragenden Sachverstand, die Kunstfertigkeit und Liebe, die unsere Vorfahren im Umgang mit diesem wertvollen, stets erneuerbaren Naturprodukt bewiesen.

Obwohl in den letzten Jahrzehnten immer mehr künstliche Stoffe und neuartige Produkte den Markt eroberten, hat Holz seine Attraktivität als edelster Bau- und Werkstoff nie verloren. Im Gegenteil, Wald und Holz erfahren gerade in unserer schnellebigen Zeit wieder wachsende Wertschätzung. Ich würde mir wünschen, daß auch „Winterholz" in diesem Sinn wirken, neue Anregungen geben und Traditionen bewahren helfen kann.

Mein besonderer Dank gilt Frau Dr. Gertraud Steiner, Herrn Dr. Rudolf Fuhrmann und Herrn Dr. Otmar Weber aus Salzburg, Herrn Dipl.-Ing. Arno Watteck aus St. Andrä im Lungau sowie Herrn Ing. Erwin Thoma aus St. Johann für die Begutachtung meines Manuskriptes. Weiters bedanke ich mich bei den Unternehmen, Betrieben und Institutionen, die durch Ankauf einer größeren Anzahl von Büchern den Druck maßgeblich unterstützten.

Großarl, Oktober 1997

Walter Mooslechner

I. AUS DER GESCHICHTE DES SALZBURGER WALDES

1. DER MENSCH ENTDECKT DAS HOLZ

In vorgeschichtlicher Zeit, als Fruchtsammler und Jäger weite Gebiete durchstreiften, war auch das Land Salzburg hauptsächlich mit Waldungen und Sümpfen bedeckt. Der Wald hatte damals kaum wirtschaftliche Bedeutung für die Menschheit, die Natur war noch sich selbst überlassen. Erst mit der Entdeckung und Verwendung des Feuers sowie dem Gebrauch von Werkzeug wurde Holz zum unverzichtbaren Bestandteil des täglichen Lebens.

Mit seiner Seßhaftwerdung begann der Mensch, Wälder zu roden und in Äcker, Wiesen und Weiden umzuwandeln.

In der geschichtlichen Zeit Salzburgs prägten zwei große Besiedlungsepochen den Gestaltwandel unserer Landschaft. Zunächst war es die Zeit der bayerischen Landnahme ab 550 n. Chr. bis Ende des 10. Jahrhunderts. Die Bajuwaren bemächtigten sich in dieser Zeit hauptsächlich der verlassenen Gebiete und Besitzungen der alten keltoromanischen Bevölkerung. Bis heute erinnern die Ortsnamen mit den Endungen -heim, -ham, -auf, -ing, -beuern, -gau, -dorf, -haus(en) an diese Besiedlungszeit. Der zweite Abschnitt mittelalterlicher Landnahme erfolgte unter den Salzburger Erzbischöfen. Dabei wurde besonders im Gebirge im 11. und 12. Jahrhundert durch Waldrodungen laufend neuer Siedlungsraum geschaffen. Auf diesen Zeitabschnitt weisen die Ortsnamen hin, die auf -brand, -reit, -mais oder -schwand enden. Den Lungau besiedelte bis etwa 900 n. Chr. der slawische Stamm der Karanthanen. Daran erinnern Flurnamen wie Lans(ch)itz, Gurpitschek, Gensgitsch oder Suppan. Siedlungsnamen können aber auch auf Gewässer, Gelände oder die Vegetation (-wald, – holz, -tann, -buche, -erle) hinweisen.

Den Landesbewohnern des ausgehenden 1. Jahrtausends war noch die uneingeschränkte Nutzung der Wälder gestattet, um die Rodungen zur Bodenkultivierung voranzutreiben.

Durch das rasche Anwachsen der Bevölkerung und das Aufblühen der Salz- und anderer Bergwerksbetriebe setzte eine fortschreitende

Der Wald gibt uns Holz.

Holzpflug aus dem Großarltal.

Rodungstätigkeit ein, die den Wald immer weiter zurückdrängte. Unkontrollierte Holzentnahmen führten zu Mißbräuchen und großer Verschwendung. Sehr bald erkannten die Erzbischöfe als Landesherren die große Gefahr, die dem heimischen Wald drohte, und sie gaben zu seinem Schutz und zur Sicherung des Holzbedarfs für den Bergbau einschneidende Verordnungen heraus.

Landwirtschaftliche Geräte wurden früher meist aus Holz gefertigt. Hier eine Egge zur Bodenbearbeitung.

2. SCHUTZ UND ORDNUNG FÜR DEN WALD

Die älteste diesbezügliche Verfügung über eine geregelte Bewirtschaftung unserer Wälder stammt von Erzbischof Eberhard II. aus dem Jahr 1237. Von 1342 bis 1536 folgten acht Bergwerksverordnungen und von 1524 bis 1755 sieben Waldordnungen.

Als Markstein der Forstgeschichte kann die von Erzbischof Matthäus Lang von Wellenburg im Jahre 1524 erlassene Waldordnung angesehen werden. Sie beeinflußte nachhaltig die weitere Entwicklung des forstlichen Grundeigentums. In dieser Waldordnung wurden als „Kammergut" nicht nur alle Hoch- und Schwarzwälder (Nadelholzwälder) in der „Gemeinen Frei"

Heuwagen aus dem Flachgau.

Rechts: Gschwandtgut in Taxenbach. Laut Haustradition wurde das Objekt als „Sitz zu Gschwandt" 1338 erstmals erwähnt; die Bausubstanz dürfte aus dem Spätmittelalter stammen. Über dem hohen, durch die Hanglage bedingten Sockel- und Kellergeschoß erheben sich zwei Geschoße in massiver Mauerung. Der Dachstuhl wurde bei einer Sanierung 1796 erneuert. Das Dachgeschoß ist ein Holzblockbau mit Satteldach. Der untere Teil der doppelten Pfettenlage weist eine mehrfach gekehlte barocke Form auf. Aus derselben Zeit stammen die Zierformen am Dachgeschoß-Gangl mit Türumrahmung (gesägte Holzverkleidung). Dieses Haus ist kulturell bedeutsam und ein bereits seltenes Denkmal bäuerlicher Architektur. Es steht seit 1992 unter Denkmalschutz.
Links: Firstpfette vom Gschwandtgut mit der Jahreszahl 1796.

---

den Landesherren vorbehalten, sondern auch die Privatwälder weitreichend mit landesfürstlichen Reservaten belastet.

Alle Bergwerks- und Waldordnungen beruhen auf dem wesentlichen Satz, daß jeder Private des Erzstiftes seine Waldungen gegen einen mäßigen Ersatz „anzulassen" (zur Verfügung zu stellen) habe. Nicht jede ausgemarkte Waldung wurde als Eigentum anerkannt. Als solche galten nur jene, die innerhalb von „Band und Stecken", d. h. durch ordentliche Umzäunung gekennzeichnet waren. Das Berg- und Forstregal mit seinen Reservaten hatte Vorrang.

Da der Landesfürst auf alles Holz im Land das Vorrecht hatte, übernahm er auch ausdrücklich die Last und Verpflichtung, für den Holzbedarf der Landesbewohner aus seinen Waldungen zu sorgen. So begann die allgemeine Einforstung nach „Hausnotdurft". Für alle Landesbewohner, die ihren Holzbedarf nicht aus dem Eigenwald decken konnten, bestand ein Anspruch auf Versorgung aus dem landesfürstlichen Wald. Die Untertanen konnten die Wälder nicht mehr uneingeschränkt nützen, eine geregelte Waldwirtschaft begann.

Es wurde ein „Waldmeister" eingesetzt und mit der Beschreibung und Vermarkung der Wälder beauftragt. Seine sogenannten „Forstknechte" sorgten für die Forstaufsicht und Schlägerungsbewilligungen der Hausnotdurft. Neben der „Oberwaldmeisterei" kam es später zur Einführung von „Unterwaldmeistereien" mit dem Forstaufsichtspersonal der „Zuseher" und „Forstner".

Obwohl die erste Verordnung von 1524 auf den Widerstand der Bevölkerung stieß, wurde sie beinhart durchgesetzt und kann als erste geschichtliche Verankerung des staatlichen Forsteigentums in Salzburg angesehen werden.

Die Landesfürsten Salzburgs forderten die Untertanen immer wieder auf, mit dem wertvollen Rohstoff Holz sparsamst umzugehen und bei

Schlanke Hochlagenfichten im Winter.

Um- oder Neubauten von Gebäuden den feuersicheren Baustoff Stein vermehrt einzusetzen.

Diesen Aufforderungen wurde nur zögernd Folge geleistet, denn Holz war in nächster Umgebung vorhanden, relativ leicht zu beschaffen und vor allem nicht teuer. Schon damals wußte man, daß sich Winterholz zum Bauen bestens eignet und Witterungseinflüssen und Holzschädlingen besser standhält. Bauholz wurde deshalb vorwiegend in den Wintermonaten geschlägert.

Aus Gründen der Holzeinsparung erließ Erzbischof Colloredo 1795 „Die allgemeine Verordnung in Bausachen der Unterthanen". Darin wurde vor allem die Untermauerung der Gebäude vorgeschrieben. Diese Verordnung setzte sich erst später durch, als höhere Versicherungskosten bei Holzhäusern, die allgemeine Anhebung des Holzpreises und die teilweise Ablösung der Servitutsrechte in der zweiten Hälfte des vorigen Jahrhunderts dies nahelegten. Wollte ein Bauer ein Haus errichten, so mußte er bei der erzbischöflichen Hofkammer, später beim zuständigen Pfleggericht, um Baubewilligung ansuchen. Wurde ein Bauansuchen genehmigt, zeigte ein

Aufgang vom Erdgeschoß in das Obergeschoß beim Rabenhaus.

Rabenhaus in Reitdorf in Flachau. Das Rabenhaus ist das Wohngebäude zum Reitlehen und stammt aus dem späten 16. Jahrhundert. Es wurde in Blockbau mit Pfettendach errichtet. An der Giebelwand im Obergeschoß befindet sich eine große rechteckige Öffnung, die als Vorläufer des späteren Gangls gilt. Die am Giebel angebrachten Schützenscheiben (drei Rundscheiben, zwei Gemsen und ein Hirsch) stammen der Überlieferung nach vom Gedenkschießen anläßlich des 50jährigen Jubiläums der Übernahme des Landes Salzburg durch Österreich (1816).

Forstorgan der Waldmeisterei Bäume für das erforderliche Bauholz vor.

Aus dem Jahre 1584 stammt das erste Verbot, ohne Bewilligung ein Gebäude zu errichten. Später, in den Jahren 1697 und 1711, untersagte der Erzbischof sogar unter Strafanordnung einen Hausbau ohne vorher eingeholte Baubewilligung.

VERORDNUNG VOM 14. JÄNNER 1697

„Wenn jemand, ohne vorher von dem Landesfürsten oder von der Hofkammer erhaltene Verwilligung, eine neue Behausung, Feuerstatt, einen Käser oder Albleger auf der Frey, oder auf seinem eigenen Grund aufführen würde, soll derselbe, gestalten Dinge nach, nicht nur gestrafet, sondern auch angehalten werden, solches Gebäude auf eigene Unkosten wieder abzubrechen."

VERORDNUNG VOM 27. JULI 1711

„Da die Unterthanen manchmal mit Erweiterung, Uebersetzung, oder gar neuer Häuser, Feuerstätte und dergleichen entweder ganz eigenmächtig, oder doch wenigstens, ohne auf ihr etwas gethanes Anlagen eine Resolution zu erwarten, zu verfahren pflegen; so haben die Beamten, wenn sie dergleichen selbst wahrnehmen, oder es ihnen von ihren Schreibern oder Gerichtsdienern hinterbracht wird, alsogleich mit Beyziehung des Unterwaldmeisters einen Augenschein vorzunehmen, den Bau, bis auf erfolgte weitere Verordnung einzustellen, den Übertreter um seine Verantwortung zu vernehmen und dessen vermeinte Entschuldigung nebst der etwa dabey zu führenden Amtserinnerung ungesäumt an die Hofkammer zu berichten."

Krummholzkiefern (Latschen) und Lärchen im Herbst.

Die letzte erzbischöfliche Waldordnung stammt von Erzbischof Sigmund aus dem Jahre 1755. Sie wurde 1816, im Jahr der Übernahme Salzburgs, von der österreichischen Regierung neu publiziert.

Die zahlreichen Bestimmungen in den verschiedenen Waldordnungen sorgten für immer kompliziertere Eigentums- und Rechtsverhältnisse. Neben den ungemessenen Holznutzungen kam es auch zu ungeregelten Weideausübungen in den landesfürstlichen Waldungen. Laufend wurde versucht, diese Mißstände mit neuen Bestimmungen zu regeln. Auch bestand schon in der erzbischöflichen Zeit das Bestreben, die „Gebühren" (Holzbedarf für Liegenschaften) festzulegen oder die Forstrechte abzulösen, was aber immer wieder scheiterte.

Nach der Übernahme Salzburgs durch Österreich wurde die Forstregulierung, die mit enormen Problemen und Rechtsunsicherheiten verbunden war, erneut in Angriff genommen. Mit einer großangelegten „Grundlastenoperation" begann man, die Einforstungsrechte der Liegenschaften zu regeln. Manche Rechte wurden in Bargeld oder Grund und Boden (so auch die „ausgeforsteten Gemeinden") abgelöst. In Salzburg ließ sich der Großteil der Berechtigten nicht ablösen, so sind auch die meisten Forstverwaltungen der Österreichischen Bundesforste AG von diesen Rechten nach wie vor besonders betroffen. Interessant ist auch die Tatsache, daß sich das Ärar auf großen Teilen dieser abgelösten Gründe das Jagdrecht ausbedungen hatte. Diese Jagdreservate wurden mit dem Bundesgesetz vom 14. Februar 1919 entschädigungslos aufgehoben.

Zu Beginn des 19. Jahrhunderts bestanden in Salzburg fünf Waldämter, die nicht selbständig waren, sondern Montan- bzw. Salinenämtern unterstanden. Die Leitung dieser Waldämter erfolgte durch einen Oberförster, dem ein Forstpraktikant und mehrere Forstgehilfen zugeteilt waren. Für die Beaufsichtigung und Bewirtschaftung der insgesamt 39 Reviere sorgten Revier- und Unterförster. Die gesamte Forstorganisation leitete die Berg- und Salinendirektion. Nach Auflassung dieser Direktion im Jahr 1840 fielen die Halleiner Wälder unter die Verwaltung des Salinenoberamtes in Gmunden, die restlichen Waldungen an die Direktion von Hall in Tirol. 1849 entstand in Salzburg eine eigene Berg-, Salinen- und Forstverwaltung. Die Wiederbewaldung der ausgedehnten Salinenschläge bereiteten der Salzburger Forstwirtschaft langanhaltende Probleme.

Dieses Thema war auch Mittelpunkt einer großen Tagung im Jahre 1851, zu der viele deutschsprachige Forstleute nach Salzburg kamen. Die Forstexperten aus verschiedenen Ländern erteilten gute Ratschläge, und es wurden laut Protokoll *„unter Darlegung der Dringlichkeit über den Vorgang der künstlichen Beforstung der unübersehbaren Kahlschläge wichtige Beschlüsse gefaßt".*

Zwar war man sich über die Notwendigkeit einer raschen Aufforstung einig, doch stellten sich der Lösung dieser Aufgabe fast unüberwindbare Hindernisse entgegen. Es fehlte an nötigem Geld für die Aufforstungen, auch mangelte es an tauglichem Pflanzenmaterial. Nachteilige Witterungsverhältnisse in Hochlagen sowie fortwährende Beweidung der Schlagflächen verzögerten das Aufforstungsprogramm. Vielfach wurden damals Verjüngungen durch Saaten angestrebt. Die vorwiegend zur Aussaat gekommene Holzart war die Fichte, selten kam die Lärche dazu. Von 1873 bis 1882 wurden nicht weniger als 5700 Hektar Waldblößen durch Saat und Pflanzung in Bestand gebracht. Bei den Pflanzgärten des Landes kam es in dieser Zeit zu einer sechsfachen Vergrößerung. Der jährliche Aufwand für Forstkulturen einschließlich der Pflanzgärten belief sich allein bei den Salzburger Staatsforsten auf 18.000 Gulden. Erwähnenswert ist, daß die Staatsforste in den Forstgärten Hallein, Forstau, Annaberg und Abtenau schon damals exotische Baumarten züchteten. Die Einbringung von Sitkafichte, Weymouthskiefer, japanischer Lärche, Douglastanne, Nordmannstanne (Strobe), Riesenlebensbaum und ähnlicher Baumarten wurde angestrebt. Nach anfänglichen Erfolgen stellte man diese Versuche wieder ein. Die Fichte blieb weiterhin die vorherrschende Baumart in unseren Gebirgswäldern.

3. WANDEL IN DER VERWALTUNG DER WÄLDER

Große Grundverkäufe, allein der Verkauf der „Salzburger Kameralforste" im Jahre 1869 umfaßte 6900 Hektar, führten zur Auflösung des Forstamtes Salzburg. Es folgte eine grundlegende forstliche Neuorganisation. Die zentrale Verwaltung der staatlichen Forste begann Mitte des 19. Jahrunderts. Zunächst standen die Staatswälder unter Verwaltung des Finanzministeriums. Um 1873 wurden die Staatsforstverwaltungen vom Landwirtschaftsministerium übernommen. Es gab hier mehrere Forstdirektionen, eine auch in Salzburg. Den seinerzeitigen Besitzstand von etwa 191.000 Hektar betreute das Personal von 24 Forstverwaltungen.

Mit dem Zerfall der Monarchie nach Ende des Ersten Weltkriegs begann eine weitere Verwaltungsreform. Mit dem Bundesgesetz vom 28. 7. 1925, BGB. Nr. 282/1925 wurde der Wirtschaftskörper „Österreichische Bundesforste" geschaffen, der dem Bundesministerium für Land- und Forstwirtschaft unterstellt war.

Seit 1. 1. 1997 sind die Rechtsverhältnisse der Österreichischen Bundesforste neu geregelt. Die Unternehmensorganisation wurde jener von Privatbetrieben angenähert und die „Österreichische Bundesforste AG" gegründet.

Die Einforstungsrechte des Landes Salzburg, einschließlich der Salzburger Anteile der Forstverwaltungen Mondsee und Bad Ischl, blieben mit einem Umfang von jährlich 36.000 Festmetern Nutzholz (57 % der Ö.B.F.) und 100.000 Festmetern Brennholz (51 % der Ö.B.F.) weiterhin bestehen.

Die Bundesforste sind mit 201.000 Hektar (Stand 1997) der größte Grundeigentümer im Land Salzburg. Die Forstverwaltungen Hintersee, Hallein, Abtenau, Radstadt, Bischofshofen, St. Johann, Schwarzach, Saalfelden, Zell am See, Mittersill und Tamsweg bewirtschaften 193.000 Hektar. Davon entfallen allein 118.545 Hektar auf Waldflächen, das sind etwa 43 % des gesamten Salzburger Waldes.

Neben diesen elf Forstverwaltungen besteht in St. Johann im Pongau ein Bau- und Maschinenhof, der für Holzernten, Bau und Erhaltung der Forststraßen zuständig ist.

Laufende Einsparungsmaßnahmen und damit verbundene Zusammenlegungen von Försterbezirken und Forstverwaltungen im letzten Jahrzehnt führten auch bei den Bundesforsten zu einer Reduzierung des Personalstandes. Mit Beginn des Jahres 1997 beschäftigt die Inspektion Salzburg 17 Akademiker, 28 Kanzleiangestellte, 97 Förster, sieben Forstwarte und fünf Berufsjäger; weiters 159 Arbeiter bei Forstverwaltungen und 57 beim Bau- und Maschinenhof.

Als besondere Einrichtungen des Salzburger Forstwesens seien hier noch die Landschaftliche Forstverwaltung und die Bayerischen Saalforste angeführt.

DIE LANDSCHAFTLICHE FORSTVERWALTUNG:

Das Einforstungswesen, welches das Recht der bäuerlichen Liegenschaften beinhaltet, auf fremdem Grund für eine geringe Gegenleistung Holz und Streu zu beziehen und die Weide auszuüben, sollte 1850 durch die „k. k. Forstregulierungs-Ministerialkommission" neu geregelt werden. Diese Kommission war angewiesen, sich auf den Vergleichsweg zu beschränken und durch Abtretung der belasteten Wälder an die Gemeinden die Einforstungen gänzlich aufzuheben. Während von 1850 bis 1859 im Pinzgau in 13 Gemeinden Ausforstungsvergleiche zustande kamen, folgte als 14. Gemeinde St. Veit im Pongau. Die Entstehung der 14 Agrargemeinschaften ist auf Ausforstungsvergleiche zurückzuführen, die zwischen den Abgeordneten der „k. k. Forstregulierungs-Ministerialkommission" für Salzburg in Vertretung des k. k. Ärars, den Vertretern der Gemeinden und den Bevollmächtigten der in den Waldungen Eingeforsteten und Weideberechtigten abgeschlossen wurden. Die Ablösung der Holzbezugs- und Weiderechte erfolgte in Grund und Boden. Die übrigen Gemeinden des Landes ließen sich wegen der angeblich ungünstigen Bedingungen zur Ausforstung im Vergleichsweg nicht herbei, und die Kommission wurde mit „allerhöchster Entschließung" nach mehrjähriger Tätigkeit aufgelöst.

Die 14 ausgeforsteten Gemeindewälder betreuten zunächst, mit Ausnahme der Gemeinde St. Veit, die k. k. Förster. In der Folge übernahmen die Bürgermeister diese Aufgaben. Jeder Eingeforstete erhielt damals so viel Holz, wie er angeblich zur Deckung seiner Hausnotdurft benötigte, ohne Rücksicht darauf, ob die Erträge des Gemeindewaldes ausreichten oder nicht. Schon bald kam es zu Streitigkeiten. Die Bezugsberechtigten befürchteten die maßlose Ausbeutung der Wälder durch die Gemeinde. Aber auch die Staatsforstverwaltung machte mit diesen Ausforstungen schlechte Erfahrungen. Da die Waldungen von den Gemeinden nicht nachhaltig bewirtschaftet wurden und der Holzbedarf der Bezugsberechtigten nicht gedeckt werden konnte, sah sich das Ärar veranlaßt, auch Holz aus dem Staatswald zur Verfügung zu stellen. Um eine nachhaltige Waldwirtschaft zu gewährleisten, entschlossen sich das Land und die k. k. Regierung, einen Forstverwalter und zwei Forstleute als Landesbeamte einzustellen. Für diese Beförsterung hatten die Gemeinden einen jährlichen Beitrag zu leisten. Da die staatlichen

Zuschüsse für die Betreuung der Gemeindewälder allmählich ausblieben, beschloß der Landtag 1892, die „Landschaftliche Forstverwaltung" (die Dienststelle war dem Landtag, damals Landschaft genannt, unterstellt, daher der Name) wieder aufzulassen.

Wegen der Bewirtschaftung der Wälder durch die Gemeinden kam es wiederholt zu katastrophalen Zuständen. Deshalb bestellte der Landtag im Jahre 1900 Oberförster Wilhelm Karger zum Forstverwalter, der mit fünf Forstwarten die Bewirtschaftung der Wälder nach forstwirtschaftlichen Grundsätzen übernahm. Holzbezüge und Grundgrenzen wurden fixiert, Wirtschaftspläne erneuert und der notwendige Forstschutz ausgeübt. Im Landesgesetz vom 9. Juni 1922 stellte man fest, daß es sich bei den ausgeforsteten Gemeindewäldern St. Veit, Embach, Eschenau, Fusch, Taxenbach, Rauris, Bucheben, Bruckberg, Kaprun, Thumersbach, Zell am See, Saalbach, Viehhofen und Hundsdorf um Agrargemeinschaften und nicht um Gemeindegut oder Gemeindevermögen handelt.

Nach wie vor werden die 14 Waldgemeinschaften von der Landschaftlichen Forstverwaltung Zell am See betreut. Neben dem Personal der Forstverwaltung (ein Forstmeister, fünf Revierförster, eine Kanzleikraft) sorgen Ausschüsse, bestehend aus Obmännern, Stellvertretern und Ausschußmitgliedern der Agrargemeinschaften für ordnungsgemäße Betreuung und Verwaltung der Gemeinschaftsbesitzungen.

DIE BAYERISCHEN SAALFORSTE IM PINZGAU

Die bayerischen Waldungen im Salzburgischen Pinzgau dienten einst als Energiequelle für die Salzgewinnung in der Saline Bad Reichenhall. Die Wälder erhielten die Bezeichnung „Saalforste" (Sa[a]l = Salz), weil das Holz auf der Saalach nach Reichenhall getriftet wurde.

Nachdem der Pinzgau 1228 aus dem Besitz der Bayernherzöge zum Erzbistum Salzburg gekommen war, blieben die Wälder an der Saalach für die Versorgung der Saline Reichenhall gewidmet. Im Laufe der Geschichte gab es ständig Probleme. Mit dem Abschluß der Salinenkonvention von 1829 wurden viele Schwierigkeiten zwischen Bayern und Österreich aus der Welt geschafft und die Rechtsverhältnisse des bayerischen Waldeigentums im Land Salzburg verbindlich festgelegt. Die dem bayerischen Staat verbleibenden Waldungen wurden von Österreich für immer als volles, unwiderrufliches Grundeigentum Bayerns anerkannt. Dabei wurden die Grenzen der Saalforste genau festgelegt und vermarkt. Die alten Nutzungsrechte der umliegenden Bauernhäuser legte man ebenfalls genau fest. Bis 1868 befand sich die Verwaltung der Bayerischen Saalforste im Grubhof in St. Martin bei Lofer. Dazu gehörten die Reviere Leogangtal, Saalachtal und Unkental. Um 1885 entstanden aus den Saalforstrevieren die königlich bayerischen Forstämter Unkental, Saalachtal und Leogangtal. Ab 1933 benannte man diese „Bayerisches Forstamt Unken, St. Martin und Leogang". Nach längeren Verhandlungen zwischen dem Freistaat Bayern und der Republik Österreich kam es 1957 zur Novellierung der Salinenkonvention.

Neben besonderen Bestimmungen über die Bewirtschaftung der Saalforste unter österreichischen Rechtsvorschriften wurde auch die Regelung der Holzbezugsrechte vereinbart. Anfang 1990 erfolgte eine Zusammenlegung der drei Saalforstämter zur „Bayerischen Saalforstverwaltung" mit Sitz in St. Martin bei Lofer.

Neben zwei bayerischen Forstmeistern und neun Revierförstern sind im Forst- und Jagdbetrieb der Saalforstverwaltung auch 40 österreichische Holzfacharbeiter und 13 Angestellte (davon fünf Berufsjäger, Stand 1997) beschäftigt. Auf einer Gesamtfläche von 18.600 Hektar, wovon 12.000 Hektar auf Waldfläche entfallen, werden jährlich etwa 30.000 Festmeter Holz eingeschlagen. Mit einem Gesamtumsatz von annähernd 60 Millionen Schilling sind die Saalforste ein bedeutender Wirtschaftsfaktor und Arbeitgeber.

Im Wald bilden viele Pflanzen, Tiere und Mikroorganismen eine Lebensgemeinschaft.

II. DER WALD ERFÜLLT VIELE AUFGABEN

Mit 3,877.000 Hektar Wald (46 % der Staatsfläche) zählt Österreich zu den waldreichsten Staaten Europas. Die „grüne" Steiermark ist mit 60 % Waldanteil das meistbewaldete Bundesland, gefolgt von Kärnten mit 59,6 % und Salzburg mit 49,6 %. In Ostösterreich, so im Weinviertel, Wiener Becken, Nordburgenland und im oberösterreichischen Alpenvorland ist der Waldanteil erheblich niedriger. Hier herrschen landwirtschaftlich genutzte Flächen vor.

Längst hat auch die Bevölkerung erkannt, daß unser Wald nicht nur eine Lebensgemeinschaft von Pflanzen und Tieren ist, sondern auch viele lebensnotwendige Aufgaben zu erfüllen hat. Zunächst stellen Bäume durch ausgeprägtes Stärken- und Höhenwachstum sowie ihre Langlebigkeit die auffälligste Erscheinung im Ökosystem Wald dar. Eine Vielzahl von Pflanzen, Tieren und Mikroorganismen sind zu einem komplizierten Wirkungsgefüge verknüpft. Mit Hilfe von Sonnenlicht, Kohlendioxyd, Bodennährstoffen und Wasser bauen grüne Pflanzen organische Substanzen auf. Pflanzen wiederum bilden Nahrung für zahlreiche Lebewesen im Wald. Kleine und kleinste Organismen im Boden tragen dazu bei, daß in einem komplizierten Ablauf die lebende Substanz wieder abgebaut und für neue Pflanzennährstoffe rückgeführt wird. Die wichtigsten Funktionen des Waldes, seine Nutz-, Schutz-, Wohlfahrts- und Erholungswirkung, sind im Österreichischen Forstgesetz 1975 verankert.

Die Nutzfunktion kommt vor allem dem Eigentümer zugute, denn Holz ist eine wesentliche Einnahmequelle. Viele Betriebe wie Sägewerke, Holzhandel, Bau- und Möbelindustrie und weitere Konsumenten sind Nutznießer des Produktes Holz. Durch Handel und Verarbeitung dieses Rohstoffes verdienen viele Bürger ihr tägliches Brot. Holz ist ein ständig nachwachsendes und umweltfreundliches Naturprodukt und hat für die gesamte Volkswirtschaft größte Bedeutung. Der Holzexport ist nach dem Fremdenverkehr Österreichs zweitgrößter Devisenbringer.

Gerade im Gebirge wäre ein Leben ohne Wald unvorstellbar. Wälder schützen unseren Lebensraum. Sie verringern die Gefahr von Lawinen, Wildbächen, Muren, Steinschlag, Bodenerosion und Hochwasser. Die österreichische Bundesregierung räumte im Zuge des sogenannten Arbeitsübereinkommens vom 17. Dezember 1990 dem Schutz der Wälder Priorität ein. Auf etwa 1,31 Millionen Hektar, das sind 34 % der Waldfläche Österreichs, ist die Schutzfunktion vorrangig.

Nicht zu verwechseln mit Wäldern, die Schutzfunktion besitzen, sind die sogenannten Schutzwälder. Als solche werden Wälder bezeichnet, die auf Steillagen oder extremen Standorten gedeihen und eines besonderen Schutzes bedürfen. Die Österreichische Forstinventur weist etwa 19 % unseres Waldes als Schutzwälder aus.

Ein Bannwald ist ein Wald, der von der Forstbehörde ausdrücklich und mit Bescheid dazu erklärt wurde. Er schützt Menschen, Siedlungen, Anlagen oder kultivierten Boden vor Gefahren wie Steinschlag, Lawinen, Rutschungen u. a. m. Nur gesunde Waldbestände können ausreichende Schutzfunktion erfüllen.

In Extremlagen und alpinen Regionen ist eine kostendeckende Holznutzung oft nicht möglich. Deswegen wurde die forstliche Betreuung dieser Wälder in der Vergangenheit vernachlässigt. Viele Baumbestände in steilem, unwegsamem Gelände blieben sich selbst überlassen. Die Ein-

Aufforstung im Schutzwaldgebiet. In der Schlucht der Liechtensteinklamm bei St. Johann im Pongau.

leitung der Naturverjüngungen oder Aufforstungen erfolgte kaum oder zu spät. Dies führte zu Überalterung oder Zusammenbruch großer Waldteile. Laut Waldentwicklungsplan 1990 sind in Österreich etwa 161.000 Hektar Schutzwald dringend sanierungsbedürftig. Schon vor Jahren wurde von Forstbehörden und Fachleuten ein großangelegtes Sanierungsprogramm ausgearbeitet und von der öffentlichen Hand gefördert.

Unter dem Begriff Wohlfahrtswirkung werden jene Funktionen des Waldes verstanden, die zur Reinhaltung von Luft und Wasser beitragen und für ein ausgeglichenes Klima sorgen.

Eine wichtige Rolle spielt die ungeheure Laub- und Nadelmasse der Wälder. Wie bei allen grünen Pflanzen ist die Wirkung des Waldes für die Bindung von Kohlendioxyd und die Freisetzung von Sauerstoff im Zuge der Assimilation für Menschen und Tiere lebensnotwendig. Der Gasaustausch findet an der Blatt-(Nadel-)unterseite statt, wo sogenannte Spaltöffnungen liegen. Dort tritt nicht nur Kohlendioxyd ein und Sauerstoff aus, sondern auch große Mengen von Feuchtigkeit, die an die Luft abgegeben werden. Dies bedingt das feuchtfrische Eigenklima des Waldes. In einer seiner wesentlichen Aufgaben dient uns der Wald als Sauerstoffspender.

Humoser Waldboden wirkt wie ein riesiger Wasserspeicher. Der mit einem weitverzweigten Wurzelsystem ausgestattete Waldboden kann große Wassermengen aufnehmen und gibt diese langsam wieder ab. Die Baumkronen verhindern eine starke Erwärmung des Bodens und schützen auch vor extremer Kälte. Im Wald herrscht deshalb ein ausgeglichenes Klima.

Mit dem im Jahre 1975 beschlossenen und 1987 novellierten Österreichischen Forstgesetz kann den Wald, mit gewissen Einschränkungen, jedermann zum Erholungszweck betreten.

Der Erholungswert des Waldes wird vom streßgeplagten Großstädter ebenso geschätzt wie vom Einheimischen. Daher ist der Wald auch für die Fremdenverkehrswirtschaft von höchster Bedeutung.

Damit der Wald seine vielseitigen Funktionen erfüllen kann, ist eine nachhaltige Bewirtschaftung Grundvoraussetzung. Nachhaltig bewirtschaften heißt, es wird nicht mehr Holz geschlägert als nachwächst. Das Bundesministerium für Land- und Forstwirtschaft führte in Österreich eine Forstinventur durch. Demnach bringen un-

Immer mehr Menschen suchen im Wald Erholung.

sere Wälder einen jährlichen Holzzuwachs von 31,4 Millionen Vorratsfestmetern (Vorratsfestmeter ist ein Kubikmeter Schaftholz in Rinde). Da jährlich etwa nur 19,8 Millionen Vorratsmeter genutzt werden (das sind 63 %), steigt der Holzvorrat in Österreich ständig an. Der österreichische Wald nahm in den vergangenen Jahren durchschnittlich um 2000 Hektar (jährlich) zu.

Anders liegen die Verhältnisse in vielen Regenwäldern im Amazonasgebiet, Asien und Afrika. Dort kommt alljährlich mehr als die doppelte Fläche von Österreich unter die Axt. Wegen der Plünderungen und einer großteils ungeregelten Forstwirtschaft wurden Teile des tropischen Regenwaldes unwiederbringlich zerstört.

Nicht weniger als 95 % des gesamten österreichischen Holzeinschlages wurden in den vergangenen Jahren im Inland abgesetzt. Der heimische Holzmarkt erfreut sich ständiger Steigerungen. Die größte Holzmenge wird von der Sägeindustrie verarbeitet. Auch die Papierindustrie zeigt Steigerungsraten. Hier wird jedoch der Rohstoffbedarf großteils aus Altpapier und Sägenebenprodukten (Hackgut, Sägespäne) abgedeckt. Der Export von Rundholz (5 %) ist relativ gering, allerdings wird mehr als die Hälfte der erzeugten Mengen von Schnittholz, Platten, Papier und Pappe exportiert. Von der gesamten österreichischen Warenausfuhr beträgt der Wert dieser Produkte etwa 5 %. Holz wird aber auch eingeführt.

Unsere Sägeindustrie verarbeitet den Großteil des Rundholzes.

Anstelle der früher durchgeführten Kahlschlagbewirtschaftung setzen sich heute kleinflächige Strukturmaßnahmen durch. Naturverjüngungen mit Baumarten, die möglichst den örtlichen Gegebenheiten angepaßt sind, nehmen zu. Waldbauern und Forstleute haben früher folgenschwere Fehler begangen. Aufgrund gewinnorientierter Motive entstanden aus naturgewachsenen, gesunden Mischbeständen vor allem in Tieflagen großflächige Fichtenmonokulturen. Die Fichte wurde damals zum „Brotbaum" der Forstwirtschaft erklärt. Baummischungen, die sich über Jahrtausende am jeweiligen Standort

Lärchen im Gebiet von Filzmoos.

Vom jährlichen Rohholzimport mit 4,6 Millionen Festmetern kommen derzeit etwa 40 % aus Deutschland, 34 % aus Tschechien und der Slowakei, 9 % aus den GUS-Staaten und 17 % aus Osteuropa und sonstigen Ländern.

Auch in Österreich haben sich gerade in letzter Zeit in der Bewirtschaftungsart grundlegende Veränderungen vollzogen. Der „Lehre des natürlichen Waldes" wird im Forststudium wieder großes Augenmerk geschenkt. Das Schlagwort „Gute Waldwirtschaft ist naturnahe Waldwirtschaft" findet immer mehr Anerkennung unter Forstleuten.

Nadelwaldreinbestände sind anfällig gegen Insekten, Pilze, Windwurf, Windbruch und Schneebruch.

bestens bewährt hatten, verschwanden durch Menschenhand. Von Natur aus gab es in Tieflagen kaum reine Nadelwälder und noch viel weniger reine Fichtenwälder. Im Gebirge hingegen waren Nadelholzwälder mit Fichte, Tanne, Lärche, Zirbe und Kiefer immer schon heimisch.

Erst nach jahrzehntelanger Monokulturwirtschaft erkannte man die vielen Nachteile des Nadelwaldreinbestandes. Durch Rohhumusbildung kam es zur Verschlechterung der Waldböden. Die Anfälligkeit der Bäume gegen Insekten, Pilze, Windwurf, Windbruch und Schneebruch ist bei Monokulturen um ein Vielfaches höher. In Gebieten, wo die Fichte von Natur aus nicht heimisch war, sind diese Nachteile heute noch sichtbar. In den vergangenen Jahrzehnten sind deshalb im Flachland große Waldflächen dem Windwurf, Schneedruck und Borkenkäfern zum Opfer gefallen. Vielfach hat man bereits auf diesen Mißstand reagiert und greift auf altbewährte Mischwälder zurück. Als waldbauliche Ziele der Forstwirtschaft werden gesunde, stabile, standortgerechte, gut gemischte und qualitativ entsprechende Waldbestände angestrebt.

Die natürliche Waldgrenze liegt in den Zentralalpen bei 1900 und in den Kalkalpen bei etwa 1700 Metern Seehöhe. Während Nadelwälder naturbedingt in den Bergregionen zu Hause sind, dominieren in der Ebene und im Hügelland Laubwälder und im Übergangsgebiet Mischwälder. Als ökologische Besonderheit finden sich in Österreich im Überschwemmungsgebiet größerer Flüsse auch Auwälder.

Die verbreitetste Baumart im österreichischen Wald ist mit einem Anteil von etwa 62 % die Fichte. Es folgen die Buche mit 9,8 %, Kiefern mit 7,9 %, sonstige harte Laubhölzer mit 6,4 %, die Lärche mit 5 %, weiche Laubhölzer mit 4,2 %, die Tanne mit 2,7 % und die Eiche mit 2,2 %.

Naturverjüngungen (durch aus Waldsamen gewachsene Jungpflanzen) wird grundsätzlich der Vorrang gegeben, Mischbaumarten wie etwa Tanne, Lärche und Bergahorn werden im Gebirgswald gefördert. Als bevorzugte Nutzungsarten kommen immer mehr schmale Saumschläge mit vorgelagerten Vorlichtungen in Anwendung.

Holzbringung durch Seilanlagen schont Boden und Waldbestand.

Das in den Naturverjüngungen geschlägerte Altholz wird vielfach mit waldschonenden Seilanlagen geerntet.

Um alle Ziele einer modernen Forstwirtschaft zu erreichen, sind Wegebauten in guter Qualität erforderlich. Flächendeckender Wegebau in Verbindung mit kurzstreckigen Seilbahnen ist zweckmäßig und setzt sich in der Praxis immer mehr durch. Bei der Bringung des Holzes durch Seilanlagen wird besonders auf den waldbaulichen und wirtschaftlichen Effekt geachtet.

Rund 60 % der österreichischen Waldungen sind in privater Hand. In der Besitzstruktur ist der bäuerliche Kleinwald mit bis zu 200 Hektar vorherrschend. Rund 214.000 Bauern sorgen für die Bewirtschaftung dieser Waldfläche. Der Österreichischen Bundesforste AG fallen etwa 16 % des Waldanteils zu, während die restlichen Flächen im Besitz von Waldgemeinschaften, Kirche, Ländern und Gemeinden stehen.

Die Pflege der Wälder stellt an die Waldbesitzer trotz zunehmender Mechanisierung große Anforderungen. Die Stabilität unserer Wälder kann nur durch arbeits- und kostenaufwendige Pflegemaßnahmen gesichert werden. Die Steuerung der Waldentwicklung ist mit ein Garant dafür, daß der Wald all seine Funktionen dauerhaft erfüllen kann. Um eine Borkenkäfervermehrung zu verhindern, müssen Sturm- oder Schneedruckschäden rasch aufgearbeitet werden. Schnelles Handeln ist zum Schutze des gesamten Waldbestandes unbedingt erforderlich. Um allen Anforderungen einer modernen Forstwirtschaft gerecht zu werden, ist bestes Fachwissen notwendig. Deshalb müssen laut Österreichischem Forstgesetz größere Forstbetriebe von staatlich geprüftem Forstpersonal geleitet werden. Ab einer Fläche von 1800 Hektar Wald ist für die Betreuung ein Forstakademiker und ab 500 Hektar ein Förster vorgeschrieben. Alle Waldflächen unterliegen der Forstaufsicht durch die Forstbehörde. Sie überwachen die Einhaltung der gesetzlichen Vorschriften.

III. HOLZ UND SEINE EIGENSCHAFTEN

Kaum ein Bau- und Werkstoff wird so vielen Anforderungen gerecht wie das Naturprodukt Holz. Im menschlichen Wohnbereich wird Holz oft als „dritte Haut" bezeichnet. Neben der Haut des Menschen und seiner Kleidung trägt auch Holz als äußerste Hülle wesentlich zu unserem Wohlbefinden bei. Gleich den Menschen sind Bäume Lebewesen, die atmen, Sonne, Luft und Regen brauchen. Menschen wie Bäume sind abhängig von Boden und Klima und unterliegen Naturgesetzen. Vielleicht liegt darin ein erklärender Schlüssel für die innige „Lebensgemeinschaft" zwischen Holz und Mensch. Holz als Baustoff vermittelt Ruhe, Kraft und Geborgenheit. Wer hat sie noch nicht verspürt, die angenehme, wohltuende Atmosphäre, die alte Bauernhäuser oder Almhütten ausstrahlen. In einem mit Holz errichteten Raum fühlen wir uns einfach gut. Aufgrund seiner hochkomplexen Zusammensetzung hat Holz ganz spezielle Eigenschaften. In seinem wunderbar feinen Zellsystem mit dünnen Zellwänden und Hohlräumen,

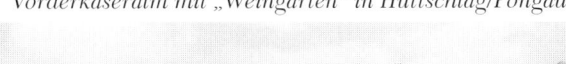
Vorderkaseralm mit „Weingarten" in Hüttschlag/Pongau.

Poren und Röhrchen finden sich verschiedene chemische Grund- und Baustoffe.

Die chemischen Elemente Kohlenstoff, Sauerstoff, Wasserstoff, Stickstoff und zum geringen Teil auch Mineralstoffe ergeben die Verbindungen, aus denen wiederum die Bauelemente (z. B. Gefäße) des Holzes gebildet werden. Den höchsten Anteil liefern dabei Kohlenstoff (C) mit etwa 48 %, gefolgt von Sauerstoff (O) mit 43 %. Alle Holzarten zeigen in den Anteilen dieser chemischen Grundstoffe nur geringe Schwankungen. Anteilsmäßig unterschiedlich vorhanden sind die Grundstoffe in den einzelnen Baumteilen. Als chemische Baustoffe des Holzes werden die Zellulose, die begleitenden Kohlehydrate (Hemizellulose), Lignin, Inhaltsstoffe und Mineralstoffverbindungen bezeichnet. Zellulose ist prozentmäßig der wichtigste Baustoff der Holzsubstanz und beträgt am Holztrockengewicht 25 bis 62 %. Reine Zellulose ist weiß und ein kompliziert aufgebautes Gemenge verschiedenster Stoffe. An Grundstoffen beinhaltet Zellulose Sauerstoff, Kohlenstoff und Wasserstoff. Die begleitenden Kohlehydrate sind ein Gemisch aus verschiedenen, zelluloseähnlichen Stoffen. Sie bestehen aus den gleichen Grundstoffen wie die Zellulose, nur in einer anderen Verbindung. Ihr Anteil in der Holzfaser beträgt etwa 15 % der Trockenmasse.

Den verholzenden und festigenden Bestandteil des Holzes bildet das im Zellulosegerüst eingelagerte Lignin. Dieser Baustoff kommt in Nadelhölzern zu 25 bis 35 %, in den heimischen Laubhölzern zu 18 bis 30 % vor. Da der Ligningehalt mit dem Alter und der häufigen Aufnahme von Sonnenschein zunimmt, hat das auch auf die Qualität des Bauholzes großen Einfluß. Hiebreifes Holz erweist sich als wesentlich widerstandsfähiger als unreifes Holz.

Die Inhaltsstoffe kommen in Bäumen sehr verschiedenartig vor und sind ein Zwischen- oder Endergebnis des Stoffwechsels. Für das Überleben der Bäume sind gerade diese Stoffe von besonderer Bedeutung; sie dienen als Reservestoffe für die Zeit der Vegetationsruhe, aber auch als Schutzstoffe gegen Krankheiten oder äußere Verletzungen sowie äußere Angriffe von Bakterien, Pilzen und Tieren. Wird etwa eine Fichte an der Rinde beschädigt, so sondert diese zum Selbstschutz und zur Heilung Harz ab.

Inhaltsstoffe der Bäume können sein:

Harze, Fette, Öle, Wachs, Eiweiß, Holzgummi, Milchsaft, Stärke, Bitterstoffe, Farbstoffe, Gerbstoffe, Riechstoffe oder auch anorganische und organische Säuren und Salze. Je nach Holzart, Baumteil, Alter, aber auch nach den äußeren Umständen sind Art und Menge dieser Inhaltsstoffe sehr unterschiedlich. So ist im Winterholz eine wesentlich andere Zusammensetzung von Inhaltsstoffen als im „Sommer- oder Saftholz" zu finden. Demnach liegt der optimale Fällungszeitpunkt für Nadelholz zwischen September und Dezember, für Buchenholz zwischen Jänner und Februar. Holz, zu diesem Zeitpunkt geschlägert, ist auch weitaus weniger fäulnisanfällig. Dieses Phänomen geht zurück auf den Zusammenhang zwischen Wuchsstoffgehalt und dem Quellenzustand des Zellulosegerüstes, aber auch auf die Stimulierung des Pilzwachstums.

Mithilfe von Wasser und Wurzelsäuren entzieht der Baum dem Boden Mineralstoffe. Je nach Jahreszeit geschieht dies in unterschiedlichen Mengen. Wird Holz verbrannt, so finden sich diese Mineralstoffe (Kalium, Natrium, Kalzium, Magnesium, Eisen, Schwefel, Phosphor, Silizium) in der Asche wieder. Der Anteil der Mineralstoffe ist im Splintholz (äußere, helle Teile des Holzes) wesentlich höher als im Kernholz und im Astholz höher als im Stammholz. Einen besonders hohen Anteil an Mineralstoffen enthält die lebende Rinde von Lärchen und Rotbuchen.

Aufgrund seiner Zusammensetzung besitzt Holz eine Reihe besonderer physikalischer Eigenschaften. Gerade diese machen das Naturprodukt zu einem unentbehrlichen und wertvol-

Holz ist ein wunderbarer Naturstoff und aufgrund seiner besonderen Eigenschaften vielseitig verwendbar.

len Baustoff. Ein wesentlicher Faktor bei der vielseitigen Verwendung des Holzes ist das Gewicht. Stehende oder frisch geschlägerte Bäume weisen ein sogenanntes „Frischgewicht" mit einem Wassergehalt von 40 bis 50 % auf. Durch normale Lagerung im Wald oder auf Rundholzlagerplätzen reduziert sich das Wasser auf rund 20 bis 25 %. Der Fachmann spricht hier vom Waldtrockengewicht. Frischgewicht und Waldtrockengewicht sind für die Bringung und den Transport von nicht geringer Bedeutung.

Nach einer Lagerzeit von zwei bis drei Jahren hat das Holz das sogenannte Lufttrockengewicht mit einem Wassergehalt von 10 bis 15 %. Als es noch keine technischen Trocknungsanlagen gab, wurde Holz je nach Verwendungszweck über mehrere Jahre gelagert und luftgetrocknet. Eine langsame Trocknung erweist sich bei Bauholz als besonders vorteilhaft. Durch Trocknung des Holzes bei Temperaturen von 100 bis 110 Grad C erhält man das sogenannte Darrgewicht.

Wie verhält sich Holz gegenüber Schwankungen des Wassergehaltes?

In den Zellhohlräumen des frischen Holzes befindet sich sogenanntes „freies Wasser", in den Zellwänden eingelagert ist das „gebundene Wasser". Beim Trocknen wird zunächst das freie Wasser abgegeben. Im weiteren Verlauf des Trocknungsvorgangs entweicht auch gebundenes Wasser, und das Holz beginnt zu schwinden. Ist keine Feuchtigkeit mehr vorhanden, kann Holz auch nicht mehr schwinden. Die Holzfaser kann jederzeit wieder Wasser (Luftfeuchtigkeit) aufnehmen, und Holz quillt wieder. Je höher sein Raumgewicht ist, umso mehr schwindet und quillt Holz.

Dieses „Arbeiten" ist einer der wenigen Nachteile, die dem Holz eigen sind. Am geringsten schwindet es der Länge nach, mehr in Richtung des Durchmessers und am meisten in Richtung der Sehne. Durch das Schwinden entstehen daher oft Risse, und es kommt zum „Verwerfen" des Holzes. Durch Schattenlagerung und Belassen der Wipfel am Stamm kann das Reißen teilweise vermindert werden.

Unsere Holzarten weisen verschiedene Härten auf. Die Bestimmung des Härtegrades ist mittels verschiedener Methoden möglich (nach Janka oder Brinell). Dabei wird ein Metallkörper in das Holz gedrückt und je tiefer der Metallkörper bei gleichem Druck eindringt, umso weicher ist das Holz. Die Härte ist nicht nur von der Holzart, sondern auch vom Trockenheitsgrad und dem Raumgewicht abhängig. Je trockener, desto härter ist Holz. Mit dem Ansteigen des Raumgewichts (spezifisches Gewicht) steigt auch der Härtegrad. (Das Raumgewicht besteht ausschließlich aus der stoffeigentümlichen Masse und ist frei von Hohlräumen).

Sehr weiche Hölzer sind Weide, Linde, Aspe, Pappel, Weymouthskiefer. Lindenholz und Zirbenholz eignen sich aus diesem Grund besonders für Schnitzarbeiten. Zu den weichen Hölzern zählen auch Tanne, Kiefer, Erle, Birke und zu den mittelharten Nuß, Birne, Edelkastanie, Eiche, Esche und Rotbuche. Zum harten Holz zählt jenes der Robinie, Hainbuche, Eibe, des Hartriegels und Weißdorn. Sehr harte Hölzer sind Buchsbaum, Reinweide und Flieder. Als „reinharte" Hölzer gelten Ebenholz und Pockholz.

Neben der Härte ist auch die Festigkeit des Holzes von Bedeutung. Unter Festigkeit versteht man den Widerstand, den Holz einer Kraft entgegensetzt, die es zerdrücken, zerreißen, abdrehen oder abbrechen will. Abhängig ist diese Holzeigenschaft von Raumgewicht (spezifisches Gewicht), Jahresringbau, Feuchtigkeitsgehalt, Faserrichtung, Holzfehlern, von der Astigkeit und vom jeweiligen Baumteil.

Eine weitere wesentliche Eigenschaft ist die Spaltbarkeit, durch die sich Holz mit einem keilartig wirkenden Werkzeug mehr oder weniger leicht in Teile zerlegen läßt. In der Regel ist Holz in Richtung Radialschnitt am leichtesten spaltbar und schlechter in Richtung Tangentialschnitt. Auf gute Spaltbarkeit wird besonders bei der Herstellung von Dachschindeln und Zaungirschten geachtet. „Klotzschindeln" entstehen bei einer Spaltung quer zu den Jahresringen, „Brettschindeln" entstehen bei einer Abtrennung parallel zu den Jahresringen.

Elastische und zähe Hölzer besitzen die Fähigkeit, ständig ihre Form zu ändern, ohne daß ein Zerreißen eintritt oder eine andere als die ursprüngliche Form dauernd eingenommen wird. Die Zähigkeit ist bei den Holzarten sehr unterschiedlich. Sehr zäh ist die Esche, zu den zähen Hölzern zählen die Birke, Weide, Pappel, Ulme, Hainbuche und zu den weniger zähen Kiefer, Fichte, Douglasie, Eiche, Eibe und Lärche. Zu den spröden Hölzern zählen Robinie, Buche und Ahorn.

Gefrorenes Holz ist nicht so zäh wie solches im Normalzustand. Besonders zäh sind die Wurzeln der Bäume, der Schaft ist außerdem zäher als die Äste dies sind.

Wird Holz überlastet, so fängt es zu knistern an, bevor es bricht. Besonders langfaserige Holzarten besitzen hohe Warnfähigkeit. Diese Eigenschaft hat man sich im Bergbau zunutze gemacht und Fichten und Lärchenholz eingesetzt. Eichen oder Akazien besitzen schlechte Warnfähigkeit.

Eine wesentliche Eigenschaft bei der Verarbeitung ist die Farbe des Holzes. Sie wird durch Einlagerung verschiedener Stoffe hervorgerufen. Die Farbe des Splintes (äußerer Mantel des Stammes) ist bei vielen Holzarten ähnlich und schwankt zwischen weiß bis gelb oder auch bräunlich. Der Kern des Holzes ist oft dunkler als der Splint.

Manche Hölzer zeigen starke Farben, genannt daher Rotholz, Blauholz, Gelbholz oder auch das

Die Zirbe oder Arve wächst in den Hohen Tauern bis in Höhen über 2000 Meter. Zirbenbestände sind heute rar geworden.

Berberitzenholz. Diese natürlichen Farbstoffe werden mitunter dem Holz entzogen und zur Färbung verschiedener Materialien (Wolle, Baumwolle) verwendet.

Viele Hölzer verbreiten einen angenehmen Geruch. Hervorgerufen wird er durch Öle, Gerbstoffe und Harze. Besonders stark wahrnehmbar ist der Geruch bei frisch geschnittenem Holz. So ist das Zirbenholz nicht zuletzt wegen des guten Duftes bekannt, der von ätherischen Ölen stammt. Zirbenholz duftet auch im verarbeiteten Zustand über Jahrzehnte und wird deshalb für den Möbelbau gerne verwendet. Holzschädlinge meiden den Duft des Zirbenholzes. Die Zirbe oder Arve wächst in den Hohen Tauern bis in Höhen über 2000 Meter. Kästen und Truhen aus Zirbenholz wurden wegen ihrer schädlingsabweisenden Eigenschaften besonders gern verwendet. Heute sind Zirbenbestände sehr rar geworden.

Die Zeichnung (Maserung, Textur) ist eine Eigenschaft des Holzes, die besonders in der Möbelindustrie von Bedeutung ist. Unter Zeichnung versteht man jenes Erscheinungsbild, das Holz entsprechend seinem anatomischen Aufbau an der glatten Oberfläche zeigt, also die Folge des inneren Gefüges (Textur).

Die Zeichnung kann beim Wuchs der Bäume teilweise beeinflußt werden, denn sie kommt in erster Linie durch den Jahrringbau und die Astreinheit zum Ausdruck. Auch die Farbe spielt eine Rolle.

Hauptursache der Zeichnung ist die Verschiedenheit zwischen Früh- und Spätholz. Während der Stirnschnitt (Schnitt quer zum Stamm) beim Holz keine Zeichnung zeigt, bringt der Fladerschnitt (Schnitt in Richtung der Längsachse, aber außerhalb der Stammitte) wechselvolle Bilder, Wellenlinien und Parabeln (geometrische Figuren).

Holz zählt zu den schlechten Wärmeleitern. Nicht zuletzt deshalb werden Griffe von Werkzeugen, Kochgeschirr und weiteren Gegenständen, die hoher Erwärmung ausgesetzt sind, in Holz ausgefertigt. In der Regel leiten schwere Hölzer besser als leichte, auch der Wassergehalt beeinflußt die Leitfähigkeit.

Für Elektrizität besitzt Holz eine geringe Leitfähigkeit, es gilt als Nichtleiter oder Isolator.

Krautsölde aus Hüttschlag, Freilichtmuseum Großgmain.

Höherer Wassergehalt und höheres Raumgewicht vermindern den Leitungswiderstand. Holz ist in der Lage, elektrische Ladungen in der Raumluft zu vermindern. Vielleicht liegt darin auch einer der Gründe, warum man sich in Holzbauten so wohl fühlt.

Die Schalleigenschaft des Holzes wird im Musikinstrumentenbau geschätzt. Besonders die Haselfichte aus höheren Gebirgslagen besitzt ausgezeichnete Klangeigenschaften. Im Lungau wird heute noch eine Waldung als „Geigenwald" bezeichnet, da man hieraus über einen langen Zeitraum bestes Material für den Streichinstrumentenbau gewann.

Holz leitet den Schall besonders gut in Richtung der Faser. Im Trockenzustand hat es bessere Schalleigenschaften als im Feuchtzustand. Kranke Stellen im Holz dämpfen den Schall. Durch das Abklopfen eines Stammes erkennt der Fachmann den Gesundheitszustand eines Baumes.

Eine wichtige Eigenschaft des Holzes im Bauwesen ist die Dauerhaftigkeit. Unter diesem Begriff versteht man den Widerstand, den es äußeren Einflüssen entgegensetzt, und die Länge der Beständigkeit, während der es seine ursprüngliche Eigenschaft behält.

Witterungseinflüsse, Abnützung sowie holzzerstörende Pilze und Insekten beeinträchtigen selbstverständlich die Dauerhaftigkeit.

Nur wenige Holzarten vertragen wechselnde Feuchtigkeit. Manche Hölzer, wie etwa die Eiche, sind unter Wasser fast unbegrenzt haltbar. Dauernde Trockenheit wirkt bei Holz konservierend. Durch die Einlagerungsstoffe ist Kernholz allgemein dauerhafter als Splint- oder Reifholz.

Als sehr dauerhafte Holzarten gelten: Stieleiche, Lärche, Traubeneiche, Schwarzkiefer, Bergkiefer, Robinie, Edelkastanie und Ulme; als dauerhaft die Buche, Hainbuche, Ahorn, Erle, Kirsche, Birke, Aspe, Linde, Strobe, Pappel, Hasel und Weide.

Die Feuchtigkeit hat einen besonderen Einfluß auf die Dauerhaftigkeit. Ist im Holz ein gewisser Feuchtigkeitsgrad vorhanden, so ist es anfällig für Pilz- und Schädlingsbefall. Die Auflösung des Holzgefüges wird durch Fadenpilze hervorgerufen. Bevor der Zerfall des Holzes eintritt, zeigen sich meist Farbänderungen.

Von der Feuchtigkeit hängt es wesentlich ab, welche Lebensbedingungen Pilze und Insekten im Holz vorfinden und Schäden an Bauten und Konstruktionen verursachen. Ist das Dach eines Holzgebäudes längere Zeit schadhaft, so ist es unweigerlich dem Verfall preisgegeben.

Unter einem bestimmten Feuchtigkeitswert sind Hölzer gegen Pilze (unter 20 %) und Insekten (unter 8 bis 12 %) weitgehend geschützt.

Während im natürlichen Wald ein Heer von Insekten, Pilzen und Mikroorganismen mit dazu beiträgt, Holz, Rinde und Blätter wieder in fruchtbaren Waldboden zurückzuführen, sind bei unter Dach verbautem Holz nur einige Schädlinge gefährlich. Trocken verbaute Hölzer bieten nur wenigen Schadinsekten Lebensraum. Neben dem Braunen Splintkäfer und dem Gewöhnlichen Nagekäfer (Klopfkäfer, Totenuhr) ist

Im verbauten Holz ist der Hausbock als Schädling gefürchtet.

Moose und Flechten auf Schindeldächern verkürzen deren Lebensdauer.

das vor allem der gefürchtete Hausbock. Er ist im Hausbereich der bedeutendste Schädling. Zunächst legt er in Ritzen und Risse des verbauten Nadelholzes seine Eier ab. Die Larven zernagen das Holz zu feinem Bohrmehl. Typisch ist, daß die Holzoberfläche geschont bleibt und das Bohrmehl meist nicht nach außen gelangt. Der Befall ist daher zunächst kaum erkennbar.

Nach etwa dreijährigem Fraß(!) erfolgt dicht unter der Holzoberfläche die Verpuppung der Larve. Der ausschlüpfende Käfer verläßt durch ein ovales Ausflugloch das befallene Holz. Außer Balken und Möbeln befällt der Hausbock auch Bretterzäune, Planken, Stöcke und Telegrafenstangen.

Mit zunehmendem Alter reduziert sich im Holz der Stärke- und Eiweißgehalt. Ältere Bauten werden deshalb vom Hausbock seltener befallen. Durch den Hausbock befallenes Holz kann auf natürliche Weise mit Heißluft wirkungsvoll behandelt werden.

IV. AUS DEM HOLZKNECHTLEBEN FRÜHERER TAGE

1. GESCHICHTLICHES

Der Berufsstand der Holzknechte und Waldarbeiter läßt sich in der Geschichte Salzburgs weit zurück verfolgen. Dabei stand die frühe Holzwirtschaft in enger Verbindung mit dem seit prähistorischer Zeit nachweisbaren Abbau von Bodenschätzen. Reiche Erzlager und wertvolle Mineralien in der Bergwelt Salzburgs, ausgedehnter Waldbestand sowie die Wasserkraft bildeten ideale Voraussetzungen für die Entfaltung einer starken Montan- und Hüttenindustrie.

Mit dem industriellen Bergbau, der seit dem 16. Jahrhundert einen kontinuierlichen Aufschwung nahm, blühten Handel und Gewerbe auf und brachten Wohlstand ins Land. Die zahlreichen Hüttenbetriebe, die den Bergbau ergänzten, prägten die Forstwirtschaft und damit die Arbeitswelt der Holzknechte.

Die Salinen- und Montanforste lieferten den Berg- und Hüttenwerken das notwendige Holz und Holzkohle. Besonders die in der Nähe von Eisenhütten und Hammerwerken gelegenen Wälder wurden intensiv genutzt und unterlagen einer ausgedehnten Kahlschlagbewirtschaftung. Je nach Zweck der Holzverwendung entstanden Salinenschläge sowie Sudholz- (Holz zum Versieden von Salz) und Kohlholzverhaue (Holz für die Erzeugung von Kohle).

Ursprünglich beschäftigten die Salinen- und Bergwerksverwaltungen keine eigenen Arbeiter. Die „Verhackungen", früher wurde Holz nicht mit der Säge geschnitten, sondern gehackt, führten selbständige Unternehmen durch, die ihre Holzknechte nach Akkord bezahlten. Für zahllose Landesbewohner wie auch für Holzknechte aus den Nachbarländern bildete dieser Verdienst die Lebensgrundlage. Die Hauerbetriebe schlossen mit der Oberwaldmeisterei (Forstbehörde) einen Schlägerungsvertrag ab und hafteten für ordnungsgemäße Durchführung.

Nach der Holzfällung umfaßte die Holzbringung auf dem Wasserweg, also die Trift, einen weiteren Schwerpunkt der Holzarbeit. Im Holzschlag und bei der Trift waren Meisterknechte eingesetzt. Am Gries- und Salzach- sowie Almrechen in Hallein waren dagegen die Rechenmeister zuständig. Zur Bewirtschaftung der Staatsforste im Kronland Salzburg gab es noch im vorigen Jahrhundert die ständigen und nichtständigen Rechenarbeiter am Gries und Almrechen in Hallein, weiters zeitweise beschäftigte Holzknechte und Arbeiter, die im Holzschlag, bei der Trift, beim Wegbau und in den Forstkulturen tätig waren.

Um 1873 standen bei den Halleiner Holzrechen durchschnittlich zwei Rechenmeister, ein Rechenmeistergehilfe, 30 ständige und 30 zeitweise beschäftigte Arbeiter im Einsatz. Über lange Zeit war die Trift die häufigste Art der Holzbringung. Sie wurde durch den natürlichen Umstand, daß zahlreiche Bäche und Achen der Salzach zufließen, begünstigt. Das auf allen Seitenbächen zugetriftete Holz gelangte größteils in die Salzach und dann in den Halleiner Rechen.

Saalach, Tauglbach, Großarler Ache, Kleinarler Ache, Blühnbach, Taurach im Lungau und Taurach bei Radstadt, Rauriser Ache, Mühlbach, Enns, Mur und Salzach waren für die Holztrift von Bedeutung. Technisch erforderlich waren dazu Wasserklausen, Wasserstuben und Holzfangrechen, die zum Aufstau des Wassers bzw. zur Sammlung des Holzes dienten.

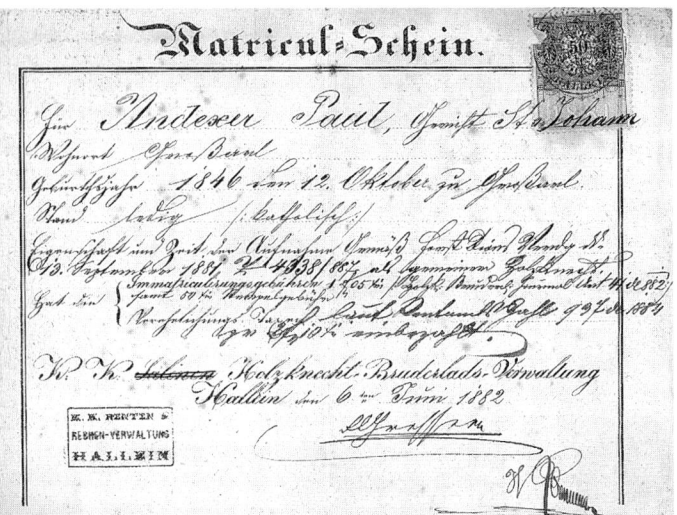

„Matricul-Schein" (Mitgliedschaft) von Paul Andexer aus Großarl als „gemeiner Holzknecht" bei der k. k. Holzknecht-Bruderlade-Hallein (1882).

Bestätigung über die Auszahlung von 133 Gulden und 74 Kreuzer an den „Forstjung" Geißler (Großarltal) aus der Kasse der Bruderlade.

Zu den größten Wasserklausen zählten die Triftklause in Hintersee, die Hauptklausen im Doppelgraben in Großarl und in Forstau bei Radstadt, die Klause in Liebenbach bei Abtenau und weitere zehn, teils aus Stein, teils aus Holz errichtete Klausen im bayerischen Saalforstgebiet.

Die Holzmengen, die über den Wasserweg an ihre Bestimmungsorte gelangten, waren beträchtlich. Um 1850 etwa trifteten die Holzknechte auf der Salzach und dem Almbach jährlich 120.000 bis 160.000 Festmeter Brenn- und Kohlholz. Ein Teil dieses Triftholzes war für die Schmelzhütte in Lend, für das Eisenwerk in Werfen und für die Eisen- und Kupferhütte in Ebenau bestimmt. Allein für den an der Salzach und am Almbach bestehenden Holzrechen in Hallein kamen 100.000 Festmeter zur Ausländung (das An-Land-Ziehen des schwimmenden Holzes). Ein Großteil des Holzes wurde als Sud- und Dörrholz (Holz zum Trocknen des Salzes) an die Saline Hallein abgesetzt. Der Rest diente dem lokalen Bedarf der Städte Hallein und Salzburg sowie der Brauerei Kaltenhausen.

Ab Werfen wurde auch Stammholz auf der Salzach geflößt. Vor der Felsenschlucht am Paß Lueg lösten die Holzknechte die Flöße wieder auf. Nach Durchtrift der Einzelstämme durch die Engstellen wurden die Flöße unterhalb der Salzachöfen wieder zusammengesetzt. In der Zeit um 1871–1880 flößte allein das Forstärar 43.000 Stämme Bau- und Nutzholz durch die Schlucht des Paß Lueg. 1879 umfaßte die mit der Trift des ärarischen Holzes beschäftigte Einsatztruppe 250 Mann. Sie bezogen einen durchschnittlichen Lohn von 1–1,5 Gulden. (1 Gulden um 1880 entsprach dem heutigen Wert von etwa 100 Schilling. Ein mittelgroßes Bauernlehen kostete um 1875 etwa 5000 Gulden.)

Entlohnung, freier Holzbezug, Krankengeld und Provisionszahlungen der Rechenmannschaft unterlagen seit frühester Zeit genauen Regelungen. Nach einer Bestimmung vom 1. Juli 1873 erhielt ein Rechenmeister einen Monatslohn von 32 bis 40 Gulden, seine Gehilfen 28 bis 36 Gulden, Vorarbeiter einen Schichtlohn von einem Gulden und 5 Kreuzer und ein Rechenarbeiter 95 Kreuzer. Die Rechenmeister hatten den Nutzen un-

Rechenbau in St. Johann i. P. um 1890. Einmündung der Großarler Ache in die Salzach. Der Rechen diente zum Auffangen des anschwimmenden Holzes.

unentgeltlicher Dienstwohnungen, die übrigen Rechenarbeiter erhielten so weit wie möglich ärarisches Quartier gegen mäßigen Mietzins. Zusätzlich erhielt die Mannschaft Deputatholz zum ermäßigten Preis. Die ständigen Arbeiter und jene, die mindestens 100 Schichten im Jahr ableisteten, hatten weiters Anspruch auf 6,70 kg Kochsalz pro Familienmitglied.

Meist wurde die Arbeit im Rechen nach Akkord entlohnt. Von jedem verdienten Gulden mußte ein gewisser Prozentsatz an die sogenannte Bruderlade (im Sinne des Zunftwesens) entrichtet werden. Die Einrichtung der Bruderlade, die das moderne Sozialversicherungswesen vorwegnimmt und bei den Holzknechten bis ins 18. Jahrhundert zurückreicht, wurde von regelmäßigen Beitragszahlungen erhalten, die sowohl von Seiten der Arbeitgeber wie Arbeitnehmer entrichtet wurden. Bei Erkrankung oder Invalidität war dadurch eine bescheidene Versorgung der Arbeiter gewährleistet. Auch bei Todesfällen konnten die Hinterbliebenen mit Unterstützungen rechnen. Anfangs bestanden über die Art und Weise der aus der Bruderlade zu bestreitenden Unterstützungen, die Krankengelder und sonstigen Versorgungsgelder, keine festen Normen. Erst 1791 traf die hochfürstliche Hofkammer in Salzburg eigene Regelungen über die zu gewährenden Unterstützungen.

Mit Eröffnung der nach der Kaisertochter benannten Giselabahn im Jahr 1871 sowie der Einführung der fossilen Kohlenfeuerung bei der Saline Hallein gab es folgenschwere Änderungen. Zunächst büßte die Holztrift auf der Salzach rasch an Bedeutung ein. Zugleich hatte sich mit dem Bau der Giselabahn ein schwungvoller Holzhandel entwickelt. Der Markt für Nutz- und Bauholz war entsprechend rege und hochpreisig. Damals wurde der Betrieb der Rechenanlage in Hallein wegen zu hoher Erhaltungskosten erstmals in Frage gestellt. In den Jahren 1886 bis 1890 pachtete ein privater Unternehmer den

Rechenbetrieb und erhielt dafür als Vergütung der jährlichen Erhaltungskosten 3000 Gulden.

Mit der Betriebseröffnung der Halleiner Zellulosefabrik „The Kellner Partington Paper Pulp Comp. lim." im Jahre 1892 erhielt der Halleiner Rechen neuerlichen Aufschwung. Die Verwertung des Schwachholzes als Zelluloseholz bewirkte einen lebhaften Triftbetrieb.

Die Holztrift verlor jedoch durch die Einführung neuer Bringungsmethoden zusehends an Bedeutung gegenüber zeitgemäßeren Formen der Holzbringung.

Als der Halleiner Rechen im Jahre 1918 durch Hochwasser zerstört wurde, löste sich der Triftbetrieb auf der Salzach langsam auf. Durch die Erschließung unserer Wälder mit einem weitreichenden Wegenetz und dem Vordringen der Kraftfahrzeuge sowie Einsatz moderner Maschinen und Geräte sind Bringungsmethoden vergangener Zeiten unrentabel geworden.

Triftbetrieb und Holzziehen gehörten neben vielen weiteren Holzknechtarbeiten bald der Vergangenheit an.

2. BEI DEN HOLZKNECHTEN IM WALD

Fest in Erinnerung blieb mir jene Zeit, die ich als Forstzögling mit den Holzknechten des Försterbezirkes Großarl verbrachte. Zur Ausbildung eines Försters gehörte damals, im Jahre 1959, wenigstens die einwöchige Mithilfe bei Schlägerungsarbeiten im Wald.

Zu diesem Zeitpunkt hatte die rasch fortschreitende Technisierung bereits die letzten Winkel unserer Gebirgstäler erfaßt. Wie in vielen Bereichen des täglichen Lebens eroberten moderne Fahrzeuge, Maschinen und Geräte immer mehr die Arbeitswelt der Land- und Forstwirtschaft. Altüberlieferte Arbeitsabläufe und ihr mundartlicher Sprachgebrauch, über Jahrhunderte gewachsene Sitten und Bräuche wurden nach und nach verdrängt.

Im Försterbezirk meiner Lernjahre sträubten sich besonders die kurz vor der Pensionierung stehenden Forstarbeiter gegen die Einführung dieser neuen Errungenschaften. Insbesondere der lärmenden und stinkenden Motorsäge wollten sie nichts Positives abgewinnen. Sie hielten für die letzten Jahre ihres Holzknechtlebens lieber an den alten Arbeitsweisen und Gewohnheiten fest. Als Forstzögling war es mir vergönnt, noch Einblick in die alte Welt der Holzarbeit zu erhalten. Bis heute klingt das gleichmäßige, wohltuende Geräusch der Zugsäge in meinen Ohren. Geübte Hände führten das Sägeblatt immer tiefer in den Stamm und brachten auch die gewaltigsten Baumriesen zu Fall.

Natürlich bedienten sich die jüngeren Forstarbeiter der neuen, modernen Technik. Allein die Verwendung der Motorsäge brachte ein wesentlich besseres Einkommen.

Fast 200 Jahre hatte sich die Langsäge bei der Holzarbeit im Wald bestens bewährt.

Ständige Verbesserungen an der Zugsäge führten zu Leistungssteigerungen. So wurde die alte Dreiecksbezahnung vom Hobelzahn und dem Eulerschen Hochleistungszahn gänzlich verdrängt. Der früher und auch heute noch gebräuchliche Ausdruck „Hacken" oder „Verhacken" stammt aus der Zeit, als Bäume noch mit der „Maishacke" gefällt wurden. Bei den damals kurzen Drehlingen bedeutete das einen

200 Jahre bewährte sich die Lang- oder Zugsäge bei der Holzarbeit.

Seit frühester Zeit war der Sappel ein wichtiges Arbeitsgerät für die Holzarbeiter.

enormen Holzverlust. Forstleute klagten, daß ein Drittel des Holzes „in die Scharten" gehe. Aus Gründen der Einsparung erfolgte deshalb um 1780 die Einführung der Langsäge. Auch dazumals waren die Knechte für Neuerungen schwer zugänglich. Obwohl in einer Waldordnung von 1795 die lückenlose Einführung der Langsäge binnen sechs Monaten gefordert worden war, bedurfte es noch vieler Jahre der Aufklärung, bis dieses „moderne Gerät" überall in Verwendung stand. Eintragungen in Forstbefehlsbüchern ist zu entnehmen, daß das Schneiden mit der Säge noch um 1806 nicht überall im Land befolgt worden ist.

In vielen Volksliedern wird das Holzknechtleben vergangener Zeit in romantischer Form besungen. In Wirklichkeit war die Arbeit äußerst hart. Die Waldarbeiter hausten an den Werktagen in einfachen Holzknechtsölden und kamen nur an Wochenenden und Festtagen nach Hau-

Schind- oder Loheisen.

se. Die tägliche Arbeitszeit reichte von der ersten „Tagliacht'n bis zum Finsterwerd'n".

Bis zur Einführung der Motorsäge bestand das Arbeitszeug aus einer Zugsäge, einer schmalen Stockhacke, der breiteren Putzhacke, Sappel, Schepser, Schinder, Keilen und einigem Pflege- und Instandsetzungswerkzeug. Die Verpflegung für eine Arbeitswoche wurde in einer mäusesicheren Holztruhe verstaut. Nicht fehlen durften entsprechende Bekleidung für extreme Witterungsverhältnisse sowie Decken zum Schlafen. Eine Holzknechtpartie, die sogenannte „Paß", bestand gewöhnlich aus vier Mann. Die Arbeitsvorgänge gliederten sich in Schlägerung, Entastung, Entrindung und Bringung. Zwei Arbeiter waren mit dem Umschneiden und Ablängen, also mit dem Durchschneiden der Stämme beschäftigt. Ein Mann war beim „Spatzen", beim Entasten bis auf 15 bis 20 cm lange Aststummel im Einsatz, ein weiterer putzte mit der Hacke das Rundholz glatt und entrindete die abgelängten Stämme mit dem dafür bestimmten Werkzeug, dem „Schepser". Eine spezielle Art der Rindengewinnung war das „Schinden". Damit man mit dem Schindeisen (Loheisen) besser eingreifen konnte, wurde dem Holzblock der Länge nach ein schmaler Rindenstreifen abgezogen und die Rinde nun vorsichtig in möglichst großen Stücken entfernt. Dies war nur zur stärkeren Saftzeit im Frühling bis Frühsommer möglich.

Oben: Holzknecht beim „Putzen" und rechts beim Entrinden (Schepsen). Unten: Die seit 1780 verwendete Langsäge (Zugsäge) wurde von der Motorsäge verdrängt.

Die Notunterkünfte der Holzknechte waren äußerst einfach. Die „Lohhütte" war ein mit großen Rindenstücken umkleidetes, zeltartiges Stangengerüst.

Die Rinde fand u. a. bei der Gewinnung von Gerbsäure Verwendung. Auch zur Bedachung der „Lohhütten", den ältesten Behausungen der Waldarbeiter, war die Rinde unentbehrlich. Unter einer „Lohhütte" muß man sich ein mit Rindenteilen umkleidetes, zeltartiges Stangengerüst, ähnlich dem Wohnbau der frühen Steinzeit, vorstellen. Die Rindenflecken schützten vor Wind und Wetter.

Schon wesentlich wohnlicher gestaltete sich die Holzknechtsölde. Heute sind diese Notunterkünfte nur mehr selten anzutreffen. Inmitten dieser Unterkunft stand der Feuerwagen, auch Wehrstatt genannt, ein mit Steinplatten ausgelegter Holzkobel, der die Herdstelle bildete. Diese leicht nach innen gewölbte Steinsetzung war von einer breiten Zarge (Eisenklammer) eingefaßt. Die Holzknechte steckten darauf ein drehbares Eisengestell, den „Feuergaul". Der schwenkbare Pfannenhalter diente zum Kochen über dem offenen Feuer. Als Schlafstätten gab es hölzerne Pritschen, einfache Lager, die entlang der Seitenwände der Sölde aufgestellt waren. Zur Unterlage streuten die Holzknechte „Taxach" (Fichtenreisig) oder Stroh in die Pritschen. Moos, in die Ritzen der Rundholzwände gestopft, schützte vor Regen und Kälte. Denkbar einfach gestaltete sich der Speiseplan eines

Pferdefuhrwerke auf der Großarler Straße beim „Tiefblick" (oberhalb der Liechtensteinklamm), um 1905.

seplan eines Holzknechtes. So erinnere ich mich noch gern an den alten „Ruap" in der „Paß" (Holzknechtmannschaft) und seine bescheidene Kochkunst. Während der ganzen Woche gab es „Muas" oder Knödel. Nach einem langen anstrengenden Arbeitstag formten seine übergroßen, mit Baumpech überzogenen Hände die allabendliche Lieblingskost – Knödel. Und immer wieder Knödel. Von ihrem vorzüglichen Geschmack habe ich mich selbst überzeugt.

Zwischendurch zu den Jausenzeiten stärkten sich die Holzarbeiter mit Speck, Wurst, Käse und Brot sowie Tee oder Feigenkaffee.

3. VOM HOLZZIEHEN UND DER BRAUTFUHRE

Das Holzziehen war eine schwere und gefährliche Arbeit, und nur kräftige und erfahrene Holzknechte konnten diese Tätigkeit verrichten.

Holzknechtsölde im Großarltal.

Holzknechte beim „Muasessen" vor einer Lohhütte (Großarltal).

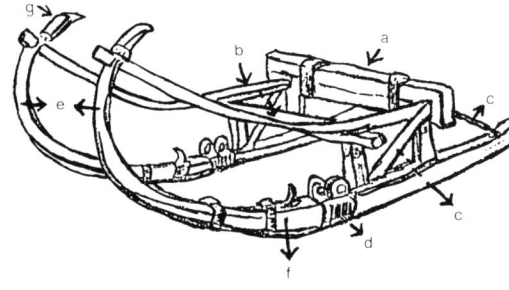

Der Ziehschlitten und seine Teile:
a) Starrer Sattel, auf der Bank fixiert
b) Ebelbank
c) Ebelspreizen, die vorderen Spreizen sind aus Holz, die äußeren „Fernspreizen" aus dicken Rundeisenstäben. Die Fernspreizen fehlen bei älteren Schlitten.
d) Tatzblecher, je zwei Schellen mit Ösendoppel für die Bremsklauenzapfen.
e) Stoßbögen („Stöß") aus besonders widerstandsfähigem Birkenholz – sie sind an die Kufenhölzer geschiftet.
f) Sperrnagel, eine neuere Erfindung, die das Zurückrutschen der im Bedarfsfalle eingelegten Sperrketten verhinderte.
g) Kufenhörner

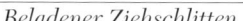

Beladener Ziehschlitten.

Bereits im Spätherbst begannen die Vorarbeiten. Das im Sommer geschlägerte Holz wurde mittels natürlicher Geländerinnen oder sogenannter „Riesen" und „Loiten" zusammen„gepirscht". Hölzerne „Riesen" wurden bei Grabenüberquerungen oder bei Fehlen von geeigneten Erdrinnen von den Holzknechten angelegt. „Loiten", eigene Rutschbahnen, wurden dort angelegt, wo das Holz quer zum Hang geliefert wurde.

Beim „Abpirschen" (Talwärtsbeförderung der Stämme) postierten sich die „Manda" entlang der „Loiten" und „Riesen" und verständigten sich durch bestimmte Zurufe. Das abgepirschte Holz legten die Holzknechte in Haufen zusammen. Diesen Vorgang bezeichnet man als „Aufdrillen". Im Spätherbst folgte das „Vorrichten" der bis ins hinterste Ende der Seitengräben reichenden kilometerlangen Holzziehwege.

Dabei wurden Zäune umgelegt, Unebenheiten in der Fahrbahn händisch beseitigt, gefährliche Stellen talseitig mit „Stempeln" (Pfählen) verschlagen und später mit sogenannten „Fürlegern" (eingelegtes Rundholz an Gefahrenstellen) verlegt. Traten Naßstellen in den Ziehwegen auf, so wurden diese mit Fichten- oder Tannenästen bedeckt, damit der Schnee besser liegen blieb. Der „Moasta" der Partie gab beim „Wegrichten" kritische Anweisungen, denn für die Zieher war das richtige Anlegen des Weges eine Überlebensfrage. Nicht selten kam es zu schweren Unfällen, so manches Marterl im Hochgebirgswald erinnert heute noch an den Tod beim Holzziehen.

Nach den Vorarbeiten im Spätherbst hieß es auf den geeigneten „Zieherschnee" warten. War es soweit, konnte der „Moasta" seine Partie zusammenrufen und das Holzziehen beginnen.

Bis Anfang der dreißiger Jahre wurden die Schlitten auf dem Rücken bergwärts getragen.

Holzknechte beim kräfteraubenden Aufwärtsziehen der schweren Schlitten (Großarltal).

Die Ziehwege wurden nun „aufgemacht", also geöffnet.

Bis Anfang der dreißiger Jahre wurden die Schlitten auf dem Rücken der Holzzieher bergwärts getragen. Früher, so erzählen alte Holzknechte, waren die Schlitten wesentlich leichter. Auch wurde das Blochfuder am Ende nur mit Stricken zusammengebunden. Im Laufe der Jahre verbesserte und verstärkte man die Ziehschlitten. Dadurch war es möglich, mehr Holz zu laden. Bis zu vier Festmeter brachten geübte Zieher mit nur einem Blochfuder zu Tal. Allerdings hatten Schlitten letzterer Ausführung mit Bundkette, „Zsammspitzer", Klampfern, Sperrketten, Bremsstatzen und dergleichen ein Gewicht von rund 60 Kilogramm. Man gab daher das Tragen der Schlitten langsam auf. Nun zog man mithilfe der Schultergurte („Züg") die schweren Schlitten bergauf. Die „Züg" hatte zwei Gurtenschlingen, die in einem Eisenring, dem Zugring, befestigt waren. Daran hing die Zugkette mit Haken zum Einhängen in den Schlitten. In seltenen Fällen, vor allem bei nassem, schwerem Schnee oder bei Engstellen in der Fahrbahn, also dort, wo man den abfahrenden Ziehern schlecht ausweichen konnte, trug man auch später noch fallweise die schweren Schlitten. Man kann sich vorstellen, wie kräfteraubend diese Arbeit war. Ein Aufstieg über mehrere Stunden in oft steilem Gelände war keine Seltenheit.

In der „Paß" gab es einen Vorzieher, der an der Spitze des Zuges stand. Diese enorm anstrengende Arbeit übernahm gewöhnlich der kräftigste der Paß. Bei Neuschnee und schwerem Schnee wechselte man sich beim Aufstieg ab.

Früher verwendeten die Zieher bergauf gern sogenannte Stelzeisen, die an der Ferse erhöht waren und im steilen Gelände eine gewisse Erleichterung brachten. Denn sie bewirkten eine Waagrechtstellung der Fußsohle. Beim Beladen und zur Abfahrt wechselte man die Stelzeisen mit mehrgliedrigen Fußeisen, sogenannten Frosch- oder Gliedereisen, die mehr Beweglichkeit ermöglichten.

Für gewöhnlich kamen die Zieher schon bei der ersten „Tagliacht'n" bei den gelagerten Holzhaufen an. Nun ging es an das fachmännische Beladen der Schlitten. Im Großarltal und in einigen benachbarten Tauerntälern verwendeten die Holzzieher seit jeher Ziehschlitten mit starrem Sattel. Überall sonst war hauptsächlich der Reib- oder Drehsattel in Verwendung. Nach Aussagen alter Großarler Holzknechte fährt man im steilen, schwierigen Gelände das schwere Blochfuder mit dem starren Sattel sicherer zu Tal. Meist halfen sich die Zieher gegenseitig beim Beladen der Schlitten. Dort, wo die Bloche am starren Sattel auflagen, schlug der Holzknecht eine Malkerbe, den sogenannten „Knecht". Mit vier Axthieben hackte der erfahrene Holzknecht in die Bloche den x-förmigen Knecht. Damit wurde die Wendigkeit des Blochfuders bei den Ziehwegkehren ermöglicht. An der Vorderseite des Fuders „knechtete" (Aushacken der Malkerbe) man einen oder mehrere – je nach Stärke der

Das Beladen der Ziehschlitten erforderte viel Geschick und große Erfahrung. Im Vordergrund ein Holzknecht mit der sogenannten „Züg" (Schultergurt).

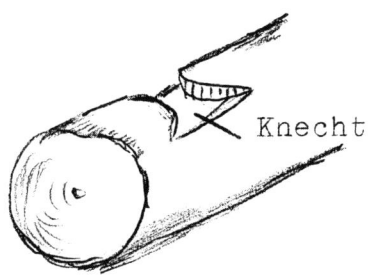

Mit vier Axthieben hackte der erfahrene Holzknecht den x-förmigen „Knecht" in die Bloche.

Bloche – etwas weiter hinten als die übrigen. Dadurch standen letztere weiter nach vorne und dienten dem Zieher als Sitzfläche während der Talfahrt.

Die Befestigung der Bloche am Schlitten und untereinander erfolgte vorn, mit der Bundkette und den Klampfern (Eisenklammern). Das Fuder mußte dabei in sich beweglich bleiben. Die Bundkette durfte nicht zu locker geklampfert sein. War die Umschlagkette zu fest gebunden, so krachte das Fuder und sprengte die Ketten. Hinten hatte man die am Boden liegenden Bloche mit dem „Zsammspitzer" (Schlangenkette, Schleuderkette) zusammengehängt. Diese Kette war in der Mitte zum Festbinden mit einem Stellhaken versehen. Beim Beladen des Blochfuders achteten erfahrene Zieher auf eine

Holzziehen im Sulzbachgraben in Fusch an der Glocknerstraße, um 1907 (auch nächste Seite).

gleichmäßige, gute Gewichtsverteilung. Ungleich schwere Fuder waren bei der waghalsigen Abfahrt schwer zu halten, und mitunter stürzte der Zieher mit dem Schlitten um.

Bei sehr steilen, eisigen Ziehwegen legten die Holzzieher am hinteren Ende des Holzfuders an den am Boden liegenden Rundlingen den sogenannten „Umschlag". Dies war eine grobgliedrige Kette und diente als zusätzliche Bremse.

Waren alle Schlitten beladen, stemmte sich der erste Zieher mit kräftigem Ruck in die Ziehgurte, bis der Schlitten endlich in Fahrt kam. Der Zieher durfte keinesfalls vergessen, daß sofort nach Fahrtbeginn die „Züg" von der Zugkette losgelöst wurde, denn im äußersten Notfall konnte man nur durch Abspringen einem Unglück entkommen.

Der Zieher setzte sich nun auf die vorstehenden Bloche des Fuders und spreizte sich mit den Füßen an den Kufenhörnern ab. Er nahm die Bremstatzstiele in seine kräftigen Hände oder preßte sie unter die Arme, und schon ging's in brausender Fahrt talwärts. An den Kufenhörnern hingen Sperrketten, die bei steilen, vereisten Stellen bedarfsweise eingelegt wurden, um die Fahrtgeschwindigkeit entsprechend zu drosseln. Folgten aber Flachstellen und kam der Schlitten zum Stillstand, riß man die eingeworfenen Sperrketten wieder heraus. Bei Flachstellen und kleineren Gegensteilen (Widerlagen,

"Schutzen") halfen mehrere Zieher zusammen. Um Auffahrunfälle zu verhindern, hielten die Zieher bei der Talfahrt untereinander einen Respektabstand. Trotzdem kam es immer wieder zu Unfällen, dem Zieher blieb in dieser kritischen Lage nur mehr der rettende Absprung.

Besonders gefürchtet war bei Holzziehern das sogenannte „Öpischnapp'n" (Ebelschnappen). Dabei gerieten die Holzknechte beim Ziehen mit der Ferse unter den Querbalken (Ebel) des fahrenden Schlittens. Schwerste Zerrungen oder Quetschungen waren meist die Folge. In besonders tragischen Fällen wurde der Zieher unter den schweren Schlitten gerissen.

Am Blochholzlagerplatz angelangt, halfen die Zieher beim Drillen (Aufrollen) des Rundholzes zum Großstapel. Ungemein zügig, Schritt auf Schritt und Griff auf Griff, ging das Drillen vom Stapel. Geschickt verstanden es die Holzknechte, die schweren Bloche fast spielerisch mit ihren Sappeln auf Kommando zu drehen und einzurichten. Begeistert vom Geschauten beschrieb der bekannte Großarler Heimat- und Mundartforscher Karl Fiala dieses Zusammenspiel: *„Bei den fast rhythmisch gegebenen Kommandos, bei dem Unterstreichen durch den darauf erfolgenden Sappelschlag und durch den Unterton des rollenden Bloches gewinnt man beim Zuhören der verschiedenen Laute beim Aufdrillen schlechthin den Eindruck, als würde die Urmelodie eines Jodlers gespielt."*

Bei langen Ziehwegen und größeren Ziehermannschaften gab es einen oder auch mehrere

Am Blochholzlagerplatz angelangt, halfen die Zieher beim Aufrollen (Drillen) des Rundholzes zum Großstapel.

Wegmacher. Diese etwas leichtere Arbeit übernahmen meist die Älteren der „Paß". Sie mußten Neuschnee aus der Fahrbahn schaufeln, Mitterriedeln (Schnee- oder Eiswulste auf der Fahrbahnmitte) und Eisbildungen mit dem Spitzkrampen aufhacken, schneefreie Stellen auffüllen und den Ziehweg ständig in Schuß halten.

Aber auch Pferde wurden zum Holzziehen eingesetzt. Besonders bei flachen Ziehwegen mit Gegensteigungen oder bei Schneemangel brachte der Einsatz von Pferden eine große Erleichterung für die Zieherpartie. Die schweren Schlitten wurden dabei von den Pferden zu Berg gezogen.

Beim Holzziehen wurden auch oft Pferde eingesetzt, im Bild der Embachrainbauer aus Taxenbach.

Eine weitere Erleichterung für die Holzzieher brachte Anfang der 50er Jahre der mit Seilwinde und Dieselmotor betriebene Schlittenaufzug, der bei verschiedenen Forstverwaltungen, so auch in Großarl, von nun an eingesetzt wurde. Damit konnten die Holzknechte mit ihren Schlitten erstmals mit Motorkraft bergwärts gezogen werden, und das anstrengende Hinaufziehen der schweren Handschlitten mit Menschenkraft entfiel.

Das „Holzziach'n" dauerte in der Regel von Neujahr bis Anfang/Mitte März. Nicht immer war in dem normalerweise schneereichen Gebirgstal genügend Schnee zum Ziehen. Trotzdem mußte das Holz geliefert werden, denn nicht wenige Talbewohner verdienten seinerzeit durch das Holzziehen ihren Lebensunterhalt.

Eine große Erleichterung für die Holzzieher brachte Anfang der 50er Jahre der mit Seilwinde und Dieselmotor betriebene Schlittenaufzug. Holzknechte und -schlitten wurden mit Motorkraft bergwärts gezogen.

Das letzte Holzfuder wurde als „Brautfuder" tüchtig gefeiert. Auch in schneearmen Wintern wurde das Holz (teilweise mit Pferden) zu Tal gebracht.

Bis zum Schluß hat sich in manchen Gegenden der einzigartige Brauch des „Brautziehens" erhalten. Nachdem die schwere und gefährliche Arbeit des Holzziehens zu Ende ging, führte man zum Abschluß jeder Partie das allerletzte Blochfuder mit dem „Brautbloch" feierlich zu Tal. Nach Auskunft alter Holzarbeiter war es üblich, als „Brautfuder" das stärkste Bloch am Schlag, das als „Hagmoar" bezeichnet wurde, ins Tal zu bringen. In letzter Zeit allerdings wurden zum Schluß die „Fürleger" vom Ziehweg entfernt, sodaß die letzten „Fürleger" das „Brautfuder" bildeten. An das „Brautbloch" wurde am vorderen Ende ein mit bunten Papierbändern geschmückter „Brautboschen" (Fichtenbäumchen) genagelt.

Man kann sich vorstellen, wie sehr sich die gesamte Zieherpartie auf diesen lustigen Tag zum Abschluß des Ziehens freute. Meist schon am Vormittag begann das „Brautziehen". War in der Partie ein Lediger, so verkleidete er sich bei manchen Partien als Braut und brachte feierlich das „Brautfuder" ein. In Hüttschlag ist noch bekannt, daß die Holzbraut ein maskierter „Lotter" (Bursch) war und er das „Brautholz" zog.

Beim „Brautziehen" herrschte Ausgelassenheit. Es gab, was damals nicht alltäglich war, reichlich Speck und Brot. Natürlich durfte auch der selbstgebrannte Schnaps nicht fehlen, der immer wieder in die Runde gereicht wurde. Oft spielte ein Musikant mit seiner „Steirischen" (diatonische Harmonika) auf. Alte Jodler und Volkslieder erklangen aus rauhen Kehlen mitten in der spätwinterlichen Bergwelt der Holzknechte. Vielfach gab es in Anwesenheit des Forstmeisters und der Förster einen gemeinsamen gemütlichen Abstecher zum Dorfwirtshaus. Falls nicht schon Fastenzeit war, wurde beim „Abstecher" auch getanzt. Ein Holzknechtstanz unterschied sich nur unwesentlich vom bäuerlichen Brauttanz. In gereimter Form wurden Vorkommnisse am Schlag und beim Holzziehen in einem volkstümlichen Rügegericht gutmütig bespöttelt und darauf ein „Rädlein" getanzt.

Holzknechtbraut in Hüttschlag/Großarltal.

Am Vinzenzitag (22. Jänner) ist für die Holzknechte Feiertag. An diesem Tag Holz zu ziehen, wäre für die Holzzieher besonders frevelhaft gewesen und hätte sicher nur „Unreim", also Unglück, gebracht. Für die Heu- und Holzzieher gilt im Arltal der hl. Vinzenz von Zaragoza und für die Holzschlägerung der hl. Klement als Schutzpatron.

Die Holzbringung mit Ziehschlitten galt als besonders waldschonend. Einem Protokoll der

Nach schwerer Arbeit feierten die Holzknechte mit ihrem Revierförster. Dabei spielte Heinrich Reisenberger (Großarltal) mit seiner Zither auf.

Staatsforste aus dem Jahre 1898 ist folgendes zu entnehmen:

„*Mit Befriedigung erfüllt die Wahrnehmung, daß mancherorts anstatt der nachteiligen Benützungsweise des Abpürschens das sogenannte Schlitteln und das Abführen des Holzes platzzugreifen beginnt.*"

Heute gehört das Holzziehen, das für viele Holzarbeiter und Bauern einst wichtige Einnahmequelle war, zusammen mit anderen Arbeitsvorgängen der traditionellen Land- und Forstwirtschaft, der Vergangenheit an.

Die weitreichende Erschließung unserer Wälder durch Forstwege und der Einzug modernster Technik haben nicht nur bei der Holzarbeit sondern in der gesamten Forstwirtschaft einen grundlegenden Wandel bewirkt. Speziell in unseren Gebirgswäldern haben sich Seilanlagen verschiedenster Typen bestens bewährt und ermöglichen pflegliches und waldschonendes Arbeiten.

V. ÜBER HOLZAUSFORMUNG UND SORTEN

Die Ausformung des Rundholzes erfolgte früher in verschiedenster Art und Weise und war abhängig vom jeweiligen Verwendungszweck. Besonders Sudholz für die Saline Hallein kam in großen Mengen zum Verkauf. Wegen der Trift aus den Gräben und Schluchten der Seitentäler wurde dieses Holz sehr kurz abgelängt. Im Frühjahr, meist bei Schmelzwasser, wässerten die Schwemmknechte die in Längen von vier Salzburger Fuß (1,184 Meter) gehaltenen Rundlinge ein und trifteten diese in die Salzach und weiter zum Griesrechen nach Hallein. (Später teilte man diese Rundlinge in einen Meter lange Stücke.) Als Bergwerks- und Hüttenholz kam zur Absicherung und Abstützung der Stollen Grubenholz zum Einsatz. Riesige Mengen Kohlholz benötigte man für den Schmelzvorgang. Viele Namen wie Kohlstatt, Kohlplatzl usw. erinnern an Orte, wo einst das Kohlenbrennen üblich war. Die Zubringung der Holzkohle ins Tal und zu den Schmelzhütten erfolgte in großen Korbschlitten.

Beim Servitutsholz gab es zunächst Bauholz, das je nach Bedarf, in verschiedenen Längen zur Ausformung kam. Neben dem Holz zum Bau der Blockwände zählten dazu auch Rafen (Sparren), Dachrinnen, Stangen und Brunnrohre. Das für die Erzeugung von Dachschindeln verwendete Holz und das Ladholz (Holz, aus dem Laden und Bohlen gesägt wurden) waren meist stärker und höherwertig und hieß Zeugholz. Zaunholz war gut spaltbares, zur Erzeugung der Stecken und Girschten geeignetes Holz. Aber auch schwächere Sortimente für die Errichtung der Stangenzäune zählten dazu. Am meisten benötigten die Servitutsberechtigten aber Brennholz zur Versorgung ihrer Feuerstellen. Um Holz einzusparen, gab es schon in der Waldordnung von 1755 strenge Anweisungen, daß Windwürfe, Dürrlinge und sonst „überständig, ungewächsiges Holz" den „dahin erlaubten Unterthanen" vor allem abzugeben ist und zwar „ehe bevor" frisches verwendet werden darf.

In einer „Forst-Producten" (Preis-Tarif-) Liste der „Kaiserlich königlichen Forst- und Domänen-Direction" Salzburg wurden um 1874 folgende Bau- und Nutzholzsortimente zum Verkauf angeboten: *„große und kleine Blochstämme, Rafenstangen, große – mittlere – kleine – und kleinste Stangen, Schnittbloche und Bauholzteile nach Länge und Durchmesser, Eisenbahnschwellen [hier bestand ein großer Bedarf, da zu dieser Zeit die Giselabahn von Salzburg bis Wörgl gebaut wurde] Brunnrohre, Eibenholz ohne Unterschied, Zürbenbloche, Schiffkipfen in verschiedenen Längen, Schlittenkufen, Radlbock-Kufen, Schlittenhörner, Radfelgen, Haselreif-Stäbe, Weidenreif-Stäbe, Ast-Reife, Zaun-Ringe, Faschinen und Wippen, Einbettholz von Weiden*

Mit dem Holzkohleschlitten wurde die Holzkohle zu den Schmelzbetrieben transportiert. Im Bild ein Holzkohlekorb im Denkmalhof „Kösslerhäusl" in Großarl.

und Erlen, Weidenruthen für Korbflechter, Bruckdilen ausgehackt sowie Dachschindel."

Für Floßbäume, Schindel, Klub- und Kleitzholz, ferner für besonders wertvolle Holzarten wie Ahorn, Buche, Esche, Eiche, Zirbe und dgl. wurde ein Preiszuschlag verrechnet.

Auch beim Verkauf des Brennholzes unterschied man, wie aus einer alten Preisliste hervorgeht, zwischen *„Hartem Brennholz [Drehlinge guter Sorte, Scheiter gemischt, Ausschuß-Drehlinge, sogenannte „Wildlinge"], Weichem Brennholz, Erlen-Brennholz, vom Brennholz ausgeschiedenem Nutzholz [Kleitzholz von Fichten und Tannen], Lärchendrehlingen, Zürben-Drehlingen ohne Unterschied, Ahorn, Esche, Ulme und dgl. und wertvollen Zeugholz-Drehlingen."*

Viele dieser Sortimente werden heute nicht mehr benötigt, daher sind die Bezeichnungen vielfach nicht mehr bekannt. So gab es etwa das „Reifholz" für Fässer. Allein für die Gebinde der Salztransporte beanspruchte man große Mengen Holz von Haseln und Weiden. Wegen des hohen Bedarfes gab es für diese Holzarten besondere Schonvorschriften.

VI. GEHEIMNISVOLLES HOLZWACHSTUM

1. ALTE BAUMKULTE

Unsere Ahnen lebten weitgehend von und mit der Natur. Viele Abläufe und Vorgänge wurden über lange Zeit genau beobachtet, man lernte daraus, und so formten sich über Jahrtausende eigene Regeln und Verhaltensweisen.

Revolutionäre Veränderungen in Technik, Wirtschaft, Wissenschaft und Gesellschaft ließen in diesem Jahrhundert viele altüberlieferte Erfahrungswerte und Geheimnisse fast in Vergessenheit geraten. Althergebrachtes verlor an Bedeutung und mußte neuen Erkenntnissen weichen. Unsere moderne Konsumgesellschaft bedient sich zunehmend neuer Praktiken und Methoden. In letzter Zeit scheint hier ein Umdenken einzusetzen, immer mehr Menschen wenden sich von dieser schnellebigen, hochtechnisierten Gesellschaft ab und besinnen sich wieder mehr auf traditionelle Werte. Obwohl Computer, Handy und Fernsehen in unserem täglichen Leben zur Selbstverständlichkeit geworden sind, steigt die Zahl jener, die in unseren Wäldern Ausgleich und Erholung suchen. Zu Urzeiten stand „Bruder Baum" mit dem Menschen in mystischer Verbindung. Neben Kelten, Germanen, Griechen und Römern verehrten viele Naturvölker Bäume als besondere Heiligtümer.

Bäume hatten schon immer etwas Besonderes und Geheimnisvolles an sich: So galt die Linde bei den Kelten als Baum der Liebe, unter ihrer Krone wurden Feste gefeiert, aber auch Gerichtsurteile gesprochen. Bei vielen Völkern des Altertums war die mächtige, tiefwurzelnde Eiche den obersten Gottheiten geweiht und stand als heiliger Baum unter besonderem Schutz. Die Priester der Kelten benannten sich nach dem Namen der Eiche (Duir). Um 3000 v. Chr. teilten die Druiden (Priester) das Jahr nach Baumarten ein. Aufgrund langer Beobachtungen ordneten sie die Tage nach dem Sonnen- und Mondjahr in 40 Perioden, die den Lebens- und Wachstumszyklen der Bäume entsprechen. Ähnlich dem Horoskop kann jedem Menschen aufgrund seines Geburtsdatums das Zeichen und Symbol eines bestimmten Baums zugeordnet werden.

Auch die Germanen verehrten die Eiche als göttlichen Baum. Im Jahre 725 beauftragte Papst Gregor II. den heiligen Bonifatius mit der Fällung einer riesigen Eiche. Mit dieser symbolträchtigen Baumschlägerung sollte den Germanen bewiesen werden, daß im Stamm des Baumes keine Gottheit wohnt.

Eiben wachsen außerordentlich langsam und können über 1000 Jahre alt werden. Der äußerst zähe und dauerhafte Baum verkörperte für manche Völker die Unsterblichkeit. Neben der Eiche verehrten die Kelten besonders auch die Eibe. Schon Kelten und Germanen wußten über einen Giftstoff in Holz, Rinde und Nadeln der Eiben und tränkten ihre Waffen mit einem todbringenden Eibensud. Im Mittelalter braute man für Abtreibungen aus Eiben ein tödliches Giftgetränk, das vielen Frauen den Tod brachte. Über lange Zeit galt diese Baumart als Pflanze des Todes. Der in Eibennadeln enthaltene Giftstoff (Taxin) soll auch auf Säugetiere – besonders Pferde – schädlich wirken. Im 16. Jahrhundert wurde unserer Heimat durch die Türkei eine Lieferpflicht für Eibenholz auferlegt. Zur Anfertigung von Pfeil und Bogen war diese zähe Holzart besonders gefragt und führte zu starkem Schwund des Eibenvorrates. Die kleine bis mittelgroße, oft unregelmäßig gewachsene Schattholzart ist vom Aussterben bedroht und deshalb

Oben: In den Bäumen sehen wir oft etwas Besonderes und Geheimnisvolles.
Links: Zu Urzeiten standen Bäume mit Menschen in mystischer Verbindung.

geschützt. Heute hat diese Baumart längst ihren Schrecken verloren und wird als Zierbaum wieder vielerorts angepflanzt.

Reste einer mythischen Vergangenheit leben gegenwärtig in Brauchtum und Volkskultur weiter. So ist das Maibaumaufstellen ein weitverbreiteter Frühlingsbrauch geblieben. Der Maibaum galt einst als Symbol für Fruchtbarkeit und Lebensfreude, als ein Ausdruck des siegreichen Frühlings, der den langen, eiskalten Winter bezwungen hat.

Bis vor einigen Jahren hat sich in manchen Gebieten unseres Landes der weiter oben genau beschriebene einzigartige Brauch erhalten: Wenn die schwere, gefährliche Arbeit des „Holzziehens" dem Ende zuging, wurde das stärkste Bloch am Schlag mit der sogenannten „Brautfuhre" feierlich zu Tal gezogen. Als Symbol der Dankbarkeit für die Vollendung der schweren Arbeit zierten die Holzknechte das als „Hagmoar" bezeichnete Starkbloch mit einem bunten Fichtenbäumchen, dem „Brautboschen".

Vielerorts war es üblich, bei der Geburt eines Kindes einen Lebensbaum zu pflanzen, auch Firstbaum und Freibaum erinnern noch an frühere Magie und Symbolik.

Als einer der berühmtesten Bäume des Landes Salzburg gilt die Kaiserbuche auf dem Haunsberg. Die mächtige Buche mit einem Stammdurchmesser von rund sechs Metern und einem gigantischen Kronenumfang soll an den einstigen Besuch von Kaiser Josef II. erinnern. Als Andenken an diesen Tag pflanzten Untertanen im Jahre 1791 diesen Baum. Historisch ist allerdings erwiesen, daß der Habsburger zwar in Perwang nächtigte, den Platz, an dem die Kaiserbuche steht, aber nie betreten hat.

Ein Leben ohne Bäume ist für uns Menschen im Alpenraum unvorstellbar. Bäume spenden indirekt oder als Brennholz Energie, Kraft und den lebensnotwendigen Sauerstoff und schützen unseren Lebensraum vor Elementarschäden, sorgen für einen ausgeglichenen Wasserhaushalt und liefern den wunderbaren Bau- und Werkstoff Holz.

Bei den Kelten galt die Linde als Baum der Liebe.

2. SO ENTSTEHT HOLZ

Trägt der Wind das Samenkorn eines Baumes auf fruchtbaren Boden, so entsprießt nach gewisser Zeit ein Keimling, das Wachstum eines Baumes beginnt. Von allen Lebewesen ist es den Pflanzen vorbehalten, durch Aufnahme von Kohlendioxyd, Wasser und Sonnenenergie mit Hilfe des Blattgrüns (Chlorophyll) ihre Körpersubstanz aufzubauen. Diesen Vorgang nennt man Photosynthese. So bildet sich u. a. Holz. Jedes Jahr wird das langsam emporwachsende Bäumchen mit einer neuen, dünnen Schicht ummantelt. Das Holzwachstum geschieht direkt unter der Rinde und vollzieht sich hauptsächlich in der Vegetationszeit. Zwischen Bast und Holz befindet sich eine dünne Gewebeschicht, das Kambium, das jedes Jahr nach innen einen neuen Holzmantel (Jahresring) und nach außen zur Rinde hin einen Bastmantel abscheidet. Während das Höhenwachstum der Waldbäume nach einem gewissen Alter im wesentlichen beendet ist, geht das Dickenwachstum ständig weiter. Manche Baumarten (z. B. Linde, Douglasie) erreichen enorme Stärken. Der innere, abgestorbene Teil des Holzkörpers wird Kernholz, der äußere, noch Saft führende, Splintholz genannt. Im Winter, zur Zeit der Saftruhe, stagniert das Zellwachstum, und der Baum befindet sich in einer Art Ruhephase.

Manche Baumarten erreichen gewaltige Stärken. Linde in Köstendorf, Wallersee.

Das Wachstum eines neuen Baumes beginnt.

An der Querfläche eines Baumstammes sind die Wachstumsschichten in Form von Jahresringen deutlich erkennbar. Jedes Jahr entsteht ein neuer Ring, so ist die Bestimmung des Baumalters leicht möglich. Das zuerst gebildete hellere Frühholz unterscheidet sich deutlich von dem dunklen Spätholz. Bei manchen Laubhölzern verhält sich diese Farbtönung umgekehrt. An der Ausbildung der Jahresringe erkennt der Fachmann aber auch die Qualität des Holzes. Feinringiges Nadelholz, mit gleichmäßigen Abständen bis zu einem Millimeter zwischen den Jahresringen, ist in der Regel hochwertiger und für Bau- und Tischlerware besonders geeignet. Dieses Holz gilt als dauerhafter und ist weniger riß- und spannungsanfällig. Holz mit feiner Struktur bringt bei der Verarbeitung viele Vorteile. Feingewachsene Fichten gedeihen vor allem in Lagen über 1200 m Seehöhe, während schnellwüchsige Bäume besonders in Tieflagen

Starker Krüppelwuchs bei einer Fichte im Schneeberggebiet St. Veit im Pongau.

lose Holzbauten viele Jahrhunderte. Um die Lebensdauer des Holzes möglichst lange zu erhalten, bedienten sich unsere Vorfahren einer Vielzahl von Erfahrungswerten. Sie wußten: *„Schlägt man Holz zur kalten Jahreszeit oder zu ganz bestimmten Zeiten, so hält es Angriffen von Wind und Wetter, Pilzen und Holzschädlingen besser stand."*

3. HOLZSCHLÄGERUNG ZUM RICHTIGEN ZEITPUNKT

Wie aus der Literatur hervorgeht, befaßten sich schon Babylonier, Ägypter, Griechen, Römer und viele andere Völker mit Einschlagsregeln und dem Einfluß der Mondphasen auf das Holz. Berühmte Schriftsteller vergangener Zeit weisen immer wieder darauf hin, daß die Bauleute von der Überlegenheit des Winterhol-

Jahresringe zeigen die Schönheit alten Holzes.

und auf nährstoffreichen Böden anzutreffen sind.

Seit frühester Zeit fand und findet Holz in allen Lebensbereichen vielseitige Verwendung. Man denke hier nur an die Pfahlbauten. Schon unseren Ahnen war nämlich bekannt, daß sich neben der Tanne auch die Eiche für Wasserbauten bestens eignet. Venedig und Amsterdam stehen auf Eichenpiloten. Obwohl moderne Technik, Holzschutzmittel, Lacke und Leime früher weitgehend unbekannt waren, überlebten zahl-

zes überzeugt waren. Bemerkenswert ist, daß schon damals Bauholz bei abnehmendem Mond geschlägert wurde. Der Einfluß der Anziehungskraft des Mondes auf den Saftstrom der Bäume galt als unbestritten.

Der griechische Philosoph und Naturforscher Theophrast von Lesbos, ein Nachfolger von Aristoteles, schrieb in seinem „Liber de tempore", das in einer mittelalterlichen Übersetzung vorliegt, am Ende des 1. Traktats:

„Ein jedes Holz das gefellt oder abgehauen wird im Babamischen Zeichen/das ist/wenn der Mond im Stier/Steinbock oder Jungfrawen ist/ (denn das sein irdische Zeichen)/das wird nicht wurmstichig/faulet auch nicht balde/sondern weret zum allerlengsten.

Es muß aber im abnehmenden Mond geschehen/und gleich in den ersten dreyen tagen/und etwaa nach Mitternacht/oder des Morgens frühe/ehe die Sonne aufgeht/oder sonsten frühe".

Viele dieser Regeln hat M. Johannis Coleri übernommen und 1592 im „Buch von der Holzung, wenn man ein jedes Holz fellen soll", veröffentlicht:

„Wenn die Zimmerleut im Lande zu Braunschweig Eichen und Erlenholz zum bawen der hawen wollen / so thun sie es nur im Ende oder letzten Viertel des Michaelis Monden.

Vom Brachmonden an / bis in den Herbst / lest man kein Holz fellen / denn es wechst nicht wider aus.

Dann umb Fabian und Sebastian tritt der Saft wider in die Stemme, da ists denn dem Stamme von dem es abgehauen wird / und auch dem Holze / das man abhawet nicht gut.

Elsern und Erlen Holz, sol man balde nach dem newen Monden hawen / so wachsen die Stemme wol aus.

Wer will Bawholz hawen / der lasse es fellen zwischen Viti und Luciae / denn was in der Zeit gehawen wird / das wird wol dürre / und wenn die Feuchtigkeit heraus kompt / auch desto zeher / und weret desto lenger.

Welches Holz gehawen wird von dem Vollmonden an bis auf das letzte viertel / das faulet nicht.

Wil man Holz fellen so zur arbeit soll gebraucht werden und nichts schwinden soll / so mus man es fellen in des Monds fülle.

Holz daraus man Spenenholz oder Liechteholz machen wil / sol gefellet werden / in des Monden fülle oder wann das Holz in seinem Saft ist / das leuchtet fein helle.

Aus den beyden letzten Tagen im Christmonden / und am ersten Tagen im Jenner / sol das Holz so nicht vergehen (quellen/schwinden) / es sei im Wasser in oder ober der Erden / durch solche Personen so die nacht mit keinem Weibe zuthun, abgehawet und gefellet werden / man mag es auch in beiden letzten feiertagen im Merzen hawen."

Aus den unzähligen Regeln, die über Jahrtausende entstanden sind, sich aber teilweise widersprechen, kann der Schluß gezogen werden, daß die Winterfällung generell einer Sommerfällung vorzuziehen ist. Die Winterfällzeit wird eingegrenzt zwischen Michaelis (29. September) und Fabian und Sebastian (20. Jänner).

So heißt es noch heute in einem Spruch:

„Um Fabian und Sebastian fängt schon der Saft zu gehen an."

Vor Jahren machte ich an einem uralten Stallgebäude in St. Veit im Pongau (Salzburg) eine interessante Entdeckung. An der kunstvoll verzierten Firstpfette fand sich die Jahreszahl 1564 eingekerbt. Der Blockbau hatte also über vier Jahrhunderte hinweg allen Witterungseinflüssen sowie dem Pilz- und Schädlingsbefall getrotzt. Bei näherer Begutachtung konnte ich feststellen, daß die langen Holzträme kerngesund waren, kaum Risse zeigten und wie ineinandergegossen lagen. Es hatte den Anschein, als wäre dieser Bau erst vor kurzer Zeit errichtet worden. Andere, wesentlich jüngere Gebäude zeigten hingegen stark verspanntes und gerissenes sowie mit Pilzen und Schädlingen befallenes Holz. Diese Entdeckung bewog mich, dem geheimnis-

Firstpfette mit der Jahreszahl 1564 – Stallgebäude Taxengut in St. Veit im Pongau.

vollen Thema „Holzschlägerung zum richtigen Zeitpunkt" näher auf die Spur zu kommen.

Mit der Entwicklung und Renaissance des Holzhausbaus in jüngster Zeit lebt auch die Diskussion über die Schlägerung von „Zeit- und Mondholz" wieder auf. Als Mondholz bezeichnet man jenes Holz, das alten Regeln folgend zu einer bestimmten Zeit unter Beachtung der Mondphasen und Sternzeichen geschlägert wird. Neben Buchautoren widmen sich auch die Medien zunehmend diesem hochaktuellen Thema. Eine Vielzahl von alten Schlägerungsregeln ist mittlerweile wieder in Umlauf gekommen, und auch die Wissenschaft beschäftigt sich zunehmend mit Untersuchungen dieses Phänomens.

Holzeinschlagsregeln, aber auch viele Bauernregeln beruhen auf alten Erfahrungswerten und sollten nicht unterschätzt werden. Ein Großteil dieser Erkenntnisse gilt für eine bestimmte Region und kann nicht überall gleich angewendet werden. Grundsätzlich halten auch heute noch viele Fachleute den Winter für die beste Zeit der Bauholzschlägerung. Das in der Saftruhe geschlägerte Holz zeigt andere Inhaltsstoffe und Eigenschaften als „Sommerholz". Es neigt zum Beispiel weniger zu Rissen und bleibt im allgemeinen wesentlich ruhiger. Deshalb ist auch die Holzschlägerung im Winter entscheidend, während Mondphase und Sternzeichen eine untergeordnete Rolle spielen dürften.

Auch die Wissenschaft hat manches bestätigt, was im Volksglauben vieler Generationen tief verwurzelt war. Wichtige Erkenntnisse, wie zum Beispiel die Bedeutung der Schlägerungszeit, sind unbestritten und beweisbar.

Kritiker geben zu bedenken, daß sich bei manchen dieser Regeln aus dem Mittelalter Realität und Aberglaube im Laufe der Zeit vermischt hätten und diese daher verfälscht worden seien. Außerdem würden diese Erfahrungen meist für Eichenholz gelten, das früher vielfach verwendet wurde. Es spielt aber als Bauholz in den Alpen nur mehr eine untergeordnete Rolle.

M. Johannis Coleri meint in seiner Schrift:

„Hier sein die gelernten und ungelernten auch nicht allzeit eines miteinander/in der Zeit/zu welchen vom Brenn oder Bawholz felle sol."

Nicht alle überlieferten Sprüche und Regeln sollten also ernst und wörtlich genommen werden. Auch unter Zimmerleuten gab es immer schon lustige Käuze, die für Späße aufgelegt waren. Darauf weist der folgende Spruch, der wohl auf einen schelmischen Handwerker zurückgeht:

„Willst du Holz haben, das nicht fault, modert oder brennt (für Brücken, Haus oder Schiff) muß Holz in den beiden Christmonden der am 1. Jänner durch solche Personen geschlagen werden, die die Nacht vorher mit keinem Weib was zu tun gehabt haben."

Andere Sprüche wieder wurden in jahrhundertelanger Erfahrung erprobt und halten neuesten wissenschaftlichen Erkenntnissen stand. Angaben von Fixterminen, wie etwa der 1. Februar, sind eher kritisch zu sehen, da sich der Stand der Gestirne laufend ändert. Für einen gewünschten Erfolg sind zudem weitere Punkte wesentlich.

Gerade in letzter Zeit stellt man mir bei der Ausübung meines Försterberufes häufig die Frage, zu welcher Zeit und unter welchen Zeichen Bauholz geschlägert werden soll. Holzeinschlagsregeln gibt es eine Unzahl, nicht wenige davon widersprechen einander aus verschiedenen Ursachen. Im Jahr 1582 trat anstelle des Julianischen Kalenders der heute noch verwendete Gregorianische Kalender. Je nach Alter beziehen sich Einschlags- und Bauernregeln auf einen dieser beiden Kalender. Der Julianische Kalender war aber bei der Umstellung um rund zehn Tage im Zeitrückstand, daher haben verschiedene Regeln in der heutigen Zeit keine Gültigkeit mehr. Für den Normalverbraucher ist es kaum möglich, in der Astrologie und allen astronomischen Konstellationen bewandert zu sein. Zudem wird die Einwirkung der Gestirne und Planeten auf das Holz ohnedies von vielen Fachleuten in Frage gestellt. Aus der Fülle der überlieferten Regeln, die sich teilweise widersprechen, kann folgendes empfohlen werden:

4. DIE GOLDENEN REGELN FÜR DIE BAU- UND WERKHOLZSCHLÄGERUNG

Fällung nach Michaelis (29. September), aber vor Fabian und Sebastian (20. Jänner) bei abnehmendem und fallendem Mond – noch besser vom Dezember bis Jänner bei fallendem und abnehmendem Mond. Wer auf Tierkreiszeichen etwas hält, sollte Bauholzschlägerungen im Steinbock durchführen.

5. GIBT ES HOLZ, DAS NICHT BRENNT?

Geht es um Mondphasenholz, so taucht immer wieder die Frage auf, ob es Holz gibt, das nicht brennt. Kannten unsere Vorfahren einen bestimmten Schlägerungszeitpunkt, an dem Holz dem Feuer widersteht? In diesem Zusammenhang wird auf uralte Holzkamine und verschiedene Gerätschaften hingewiesen, welchen das Feuer über Jahrhunderte nichts anhaben konnte. Um größtmögliche Sicherheit vor Feuer zu erzielen, verwendeten Handwerker früher für den Bau von Haus und Hof, Almhütten, Stadel sowie verschiedenen Geräten ein ganz spezielles Holz.

Eine Einschlagsregel lautet:

„Am 1. März nach Sonnenuntergang geschlagenes Holz widersteht dem Feuer – unabhängig vom Mondstand und vom Zeichen, das der Mond gerade durchwandert."

Bei manchen Bauern und Handwerkern gilt der 1. März deshalb auch heute noch als ganz besonderer Tag. Ein an diesem Tag geschlagenes Holz besitzt nach alter Überlieferung ganz spezielle Eigenschaften.

Daher stellt sich die Frage, gibt es wirklich Geheimnisse, die nach dem heutigen Stand der Wissenschaft nicht erklärbar sind, oder handelt es sich hier eher um einen Aberglauben? Um in dieses seltsame Phänomen etwas mehr Licht zu bringen, führten die Gebrüder Amtmann aus Werfen (Salzburg) vor einigen Jahren einen äußerst interessanten Versuch durch. Die für ihre Handwerkskunst bekannten Tischlermeister (Salzburger Handwerkspreis 1996) testeten im Laufe ihres Berufslebens schon verschiedenste Schlägerungsregeln. In diesem Fall brachten sie ein zum „normalen" Zeitpunkt geschlägertes und ein am 1. März nach Sonnenuntergang geschlägertes Holz zur Prüf- und Versuchsanstalt der Brandverhütungsstelle Oberösterreich.

Unter völlig gleichen Bedingungen setzten die Versuchspersonen die vorher auf 8–12 % herabgetrockneten Hölzer eine Stunde lang der Hitze einer Ölfeuerflamme aus. Der Test brachte ein überraschendes Ergebnis. Grundsätzlich zeigte sich, daß alles Holz brennt. Jedoch brannte das am 1. März geschlagene Holz wesentlich schlechter, und es blieb bei diesem auch ein hoher Anteil der Holzsubstanz erhalten. Der große zeitliche Unterschied des Abbrennens erlaubt den Schluß, daß die Naturbeobachtung unserer Vorfahren keineswegs unüberlegt war.

Über ein weiteres Experiment in diesem Zusammenhang berichtete kürzlich eine deutsche Zeitung:

„*Drei aufgebaute Kamine aus verschiedenen Hölzern mit einem Durchmesser von rund 30 Zentimetern werden von unten kräftig beheizt. Ein Kamin bestand aus normal eingeschlagenem Kiefernholz, dieser war nach rund 45 Minuten total verbrannt. Länger dauerte es bei einem weiteren Kamin, bis er den Flammen zum Opfer fiel. Dieser Kamin bestand aus Lärchenholz, das am 29. Februar geschlägert wurde. Der Kamin mit Lärchenholz vom 1. März überlebte zur Überraschung vieler anwesender Fachleute und Journalisten mit Abstand am längsten. Fast eine Stunde, nachdem der Kieferholzkamin verbrannt war, gab sich erst das Holz vom 1. März der großen Hitze geschlagen.*"

Wenn Holz auch den direkten Flammen nicht widersteht, so konnte der Funkenflug den Lärchenholzkaminen vieler Bauernhäuser doch über Jahrhunderte nichts anhaben.

Noch heute kennt man den Spruch: „*Das Haus soll ‚hölzern' [Fichtenholz] sein, der Kamin aber aus Larch [Lärchenholz].*"

Das „Thomasholz" der Lärche, am 21. Dezember bei abnehmendem und fallendem Mond geschlägert, hat ganz spezielle Eigenschaften. Ein dem Feuer entnommener, brennender Span erlischt sofort. Abnehmender und fallender Mond am Thomastag fallen aber nicht jedes Jahr zusammen.

Für die Restaurierung der Stubenvertäfelung im „Simmerlhaus" in Rauris erhielten die Brüder Amtmann aus Werfen den Salzburger Handwerkspreis.

6. DIE GANZ BESONDEREN TAGE

Glaubt man den Erfahrungen unserer Ahnen, so gibt es beim Wachstum des Holzes ganz besondere Tage. Holz, an diesen fixen Tagen geschlägert, soll auf Grund der Sternenkonstellation und Einwirkung noch nicht erforschter Kräfte ganz besondere Eigenschaften besitzen. Neben dem 1. März zählt auch der Thomastag (21. Dezember) dazu. Dieser Tag gilt der Überlieferung nach als einer der besten Zeitpunkte zur Holzschlägerung.

Neben weiteren besonderen Tagen gibt es auch noch zahlreiche Alternativtage. Zu diesen außergewöhnlichen Schlägerungstagen zählt auch der 24. Juni. Sollte ein Gebäude nach einem Brandfall wieder rasch aufgebaut werden, so verwendeten die Zimmerleute und Handwerker Holz von sogenannten Alternativtagen. So unternahmen die Gebrüder Amtmann aus Werfen einen weiteren Versuch mit am 29. Juni (bei Wasserzeichen) geschlägertem Lärchenholz. Dieses Holz wurde grün verarbeitet und blieb trotzdem unglaublich ruhig. Holz, in gefrorenem Zustand geschlägert und gleich verarbeitet, soll nicht schwinden. Da es zu diesem Zeitpunkt den kleinsten Rauminhalt hat, verändert es sich beim Trocknen kaum.

Tennböden, auf denen gedroschen wurde, baute man früher aus Bohlen in gefrorenem Zustand.

Was bei der Bau- und Werkholzschlägerung weiters beachtet werden sollte:

Der Errichtung eines Wohnhauses, Hof- und Stallgebäudes ging früher meist eine lange, gutdurchdachte Planungsphase voraus. Mit der nötigen Ruhe und Einstellung, Beachtung aller Erkenntnisse des Bauwesens und Einbindung einer über lange Zeit gewachsenen Zimmermannskunst ging man nach dem alten Leitspruch „Gut Ding braucht Weil" ans Werk.

Der Bau eines Gebäudes war nicht nur das Lebenswerk des Bauherrn, es mußte auch noch späteren Generationen dienen. Holz ist ein langlebiger, nahezu unbegrenzt haltbarer Baustoff, sofern er richtig behandelt wird. Dazu gehört die Beachtung folgender Aspekte: Auswahl geeigneter Bäume für den jeweiligen Verwendungszweck, Holz vom richtigen Standort, Schlägerung zum besten Zeitpunkt (Beachtung der Mondphasen und Sternzeichen), sorgfältiges Trocknen und geschützte Lagerung, ein kernfreier Einschnitt und Ausführung eines konstruktiven Holzschutzes.

7. NICHT JEDER BAUM IST FÜR JEDEN VERWENDUNGSZWECK GEEIGNET

Unsere Wälder mit ihren unterschiedlichen Baumarten liefern geeignetes Holz für jeden Verwendungszweck. Bauern und Handwerker wußten früher ganz genau, wo beispielsweise der richtige Dachbaum zur Erzeugung von Holzschindeln zu finden ist. Ortsbezeichnungen wie Schindlegg, Schindelmais oder Schindelwald erinnern an jene Standorte, die über lange Jahre die gesuchten Bäume lieferten.

Der Brunnenrohrbohrer bei der Arbeit. Früher gab es Brunnenrohre aus Holz.

Aushacken der Dachrinne mit der Hohlhacke.

Unter Fichten gibt es verschiedene Spielarten. So wächst in unseren Wäldern auch die Haselfichte, die für den Instrumentenbau wegen der guten Klangeigenschaften und besonderen Holzgüte sehr gefragt ist. Der Fachmann erkennt die Haselfichte beim entrindeten Stamm an zahlreichen, kleinen, kerbenartigen Vertiefungen.

Bäume entwickeln sich im Wald anders als im Freistand. Holz aus geschlossenen Beständen fördert die Vollholzigkeit und Astreinheit. Der Freistand hingegen begünstigt eine starke Astigkeit, sperrigen Wuchs und die Jahresringbreite. Ähnelt ein Stamm der Walzenform, so ist er vollholzig. Von abholzig spricht man, wenn er sich der Kegelform nähert.

Hans Gruber aus Hüttschlag beim Spinnradlmachen.

Für Brunnenrohre, Dachrinnen oder offene Holzrinnen schätzte man möglichst astfreies Holz, das an Orten gewachsen ist, wo es schon früh am Tag schattig wird. Besonders Gebrauchsholz für verschiedene, oft selbstgefertigte Arbeitsgeräte mußte ganz spezielle Eigenschaften besitzen. Reibfestes Holz vom Hagedorn wurde bei hölzernen Kammrädern verwendet, für den ehemals hölzernen Reibnagel eignete sich Holz verkrüppelter Ahorne aus der obersten Waldgrenze. Wagendeichseln aller Art, aber auch Gabelstiele und Holzrechenschäfte fertigte man aus Zitterbirken bestimmten Alters und Wuchses. Für den Bau der Holzschlitten verwendeten die Wagner Holz von Birken, Jungeschen und Jungahornen. Schlitten aus Birkenholz waren besonders stark, bei Feuchtwetter jedoch sehr schwer. Für die Tatzenstiele der Schlitten verwendeten die Holzknechte besonders zähes Birken- oder Buchenholz, aus steilem Gelände und Lawinenhängen geschlagen. Stark beanspruchte Teile eines Mühlenwerkes fertigte der Mühlenbauer aus Ahorn, Birken- und Mehlbeerholz.

Die Stämme der meisten Holzarten sind unter normalen Umständen gewachsen, annähernd kreisrund. Ein spannrückiger Stamm hat der Länge nach verlaufende Wülste und Furchen. Dies kann bei der Hainbuche öfters beobachtet werden. Drehwüchsig ist ein Stamm, dessen Holzfasern spiralig um seine Achse verlaufen. Solches Holz ist schwer zu bearbeiten und nur bedingt verwendbar. Aufgrund ihrer schlechten Spaltbarkeit sind stark drehwüchsige Bäume für die Schindelerzeugung ungeeignet. Für die Herstellung von Bauholz ist die Fichte nach wie vor die wichtigste und bedeutendste Baumart. Bau- und Werkholz aus unserer Gebirgsgegend besitzt beste Qualität und erhält von in- und ausländischen Holzhändlern die höchste Beurteilung.

Dieser Stadel besteht aus stark drehwüchsigen Stämmen.

8. HOLZ VOM RICHTIGEN STANDORT

Vorkommen und Gedeihen der Holzarten sind vor allem an ein günstiges Verhältnis zwischen Wärme und Feuchtigkeit gebunden. Flachland und Gebirge bedingen selbstverständlich unterschiedliche Standortverhältnisse.

In unserer Gebirgslandschaft finden Nadelholzarten wie Fichte, Lärche, Tanne und Zirbe beste Standorte und ideale Wuchsbedingungen. Besonders Bäume aus höheren, ruhigen Standorten in natürlich gewachsenen Beständen liefern Holz feinster Struktur. Während der Vegetationszeit (Mitte April bis Mitte September) bedürfen die Holzgewächse einer gewissen Windruhe. Starke Luftströmungen verursachen krüppel- und säbelförmigen Wuchs sowie bei einseitiger Windeinwirkung Fahnenkronen und exzentrische Stammformen. Besonders günstig für den Holzwuchs sind Nord- und Ostseite.

Reinbestände (Monokulturen) verursachen Rohhumusböden und verschlechtern den Standort. Mischbestände mit natürlich gewachsenen Holzarten sind wesentlich widerstandsfähiger gegen Sturm, Schnee, Pilze und Insekten. Holz aus solchen Wäldern ist gesünder, läßt sich gut verarbeiten und wird den Anforderungen der Konsumenten gerecht. Schnellgewachsene Fichten auf unnatürlichen Standorten sind anfälliger gegen Rot- und Weißfäule, Ringschäle und Pilz- und Schädlingsbefall. Ihr Einsatz als Bauholz ist kaum oder nur bedingt möglich.

9. RICHTIGE SCHLÄGERUNG UND TRANSPORT

Um die Feuchtigkeit des Holzes möglichst zu verringern, ist es zweckmäßig, die ausgewählten Bäume talwärts zu schlägern. Die noch einige Wochen am Stamm verbleibenden Wipfel und Äste entziehen diesem viel Wasser. Diese Maßnahme sollte besonders beachtet werden, denn so kann man auf natürliche und einfache Art dem Baum Feuchtigkeit entziehen. Um die Qualität des Holzes zu erhalten, ist ein möglichst rascher Abtransport zum Sägewerk und ein Einschnitt möglichst noch in der kalten Jahreszeit zweckmäßig.

10. SORGFÄLTIGE TROCKNUNG UND LAGERUNG VON BAUHOLZ

Höchsten Wert legte man früher auf die Lagerung und Trocknung des Bauholzes. Für den Einbau wurde Holz je nach Verwendungszweck über mehrere Jahre gelagert. Ausreichend lange und luftige Lagerung war für jeden Hausbau unverzichtbar. Bei langsamer Trocknung werden Eigenspannungen im Holz weitgehend abgebaut und ermöglichen in der Folge eine bessere Bearbeitbarkeit. Feuchte Plätze sind für die Lagerung ungeeignet, sie fördern Pilzbefall. Direkte Sonneneinstrahlung führt zu Holzrissen und erhöht somit die Gefahr eines Pilz- und Insektenbefalls. Beim Aufschichten der Bretter soll darauf geachtet werden, daß die Kernseite oben liegt, sonst „werfen" sie.

Bei Laubholz wird die in den Holzzellen enthaltene Stärke bei langsamer Trocknung abgebaut. Bei zu rascher Trocknung sterben die Zellen hingegen bald ab, und die Stärke bleibt erhalten. Da sich viele Schadinsekten von der Stärke im Holz ernähren, bringt eine zu rasche Trocknung eine erhöhte Befallsgefahr mit sich. Grundsätzlich muß erwähnt werden, Holz „atmet und lebt", und es wird deshalb immer Feuchtigkeit aufnehmen oder abgeben. Auch das beste „Winterholz" wird unter gewissen Voraussetzungen „arbeiten". Es kommt viel mehr darauf an, diese nachteilige Eigenschaft durch geeignete Maßnahmen auf ein Mindestmaß zu beschränken.

In diesem Zusammenhang kann ich auf eine persönliche Erfahrung hinweisen. Anfang der 70er Jahre errichtete ich in meinem Heimatort Großarl ein Wohnhaus. Immer schon war es mein Wunsch, möglichst viel Holz einzubauen. Zufällig wurde zu dieser Zeit ein in der Nähe befindliches, uraltes Bauernhaus abgetragen. Wie mir bekannt war, befand sich in der Bauernstube eine wunderschöne Holzdecke. Die breiten, schwarzglänzenden Deckenbretter aus dem 17. Jahrhundert zeigten nicht die geringste Spur eines Risses, man merkte: Hier sind Fachleute am Werk gewesen. Zu meiner Freude konnte ich die kunstvoll angefertigte Holzdecke erwerben und bastelte sie mit viel Mühe in mein neues Heim. Nach Ablauf des ersten Winters geschah etwas Unerwartetes. Die Deckenbretter hatten wohl mehrere Jahrhunderte der gleichmäßigen Kachelofenwärme in der Bauernstube standgehalten, durch die extrem trockene Zentralheizungswärme aber deutlich sichtbare Risse erhalten. Im Laufe des Sommers, bei Heizungsstillstand, schlossen sich die Fugen wieder, und die alte Holzdecke zeigte sich in ihrer ursprünglichen Pracht.

Dieser Vorfall zeigt, daß für die heute üblichen Heizungssysteme eine natürliche Trocknung allein in vielen Fällen nicht ausreicht. Eine technische Nachtrocknung auf die ideale Holzfeuchtigkeit ist erforderlich. Um einen bestmöglichen Erfolg zu erzielen, sollte altes Erfahrungswissen mit neuesten wissenschaftlichen Erkenntnissen und technischen Mitteln ergänzt werden. In unserer raschlebigen Zeit besteht kaum noch die Möglichkeit, ein über Jahre getrocknetes Bauholz zu erwerben. Doch immer mehr holzverarbeitende Betriebe gehen den altbewährten Weg und verarbeiten „Winterholz" und „Mondphasenholz". Darunter befindet sich auch der als „Holzpapst" bekannte Sägewerksbesitzer und Buchautor Erwin Thoma aus St. Johann im Pongau.

Heute stehen der Holz- und Möbelindustrie modernste Trocknungsanlagen zur Verfügung. Nur so ist es möglich, den großen Bedarf an getrocknetem Holz für Industrie und Handel bereitzustellen. Vor dem Einbau sollte auf die Holzfeuchtigkeit (Masse des Wassers im Holz bezogen auf die Darrmasse des Holzes in Prozent) geachtet werden. Als Richtwerte gelten beim Dachstuhl 18–25 %, bei Holzfußböden (in geheizten Räumen) 7–11 % und bei Fenstern und Außentüren 12–15 %.

Kernfreies Schneiden:

Schwundrisse bei größeren Zimmermannsarbeiten schränkt man ein, indem man den Holzkern entfernt oder aufschneidet. Die natürliche Spannung des Holzes beim Trocknen wird dadurch verringert.

Der konstruktive Holzschutz:

Durch geeignete Maßnahmen beim Einbau von Holz kann die Lebensdauer entscheidend verlängert werden. Langandauernde Feuchtigkeit und übermäßige Wasseraufnahme fördern den holzschädlichen Pilz- und Schädlingsbefall. Feuchtigkeit ist der größte Feind des Holzes und sollte möglichst verhindert werden. Erdkontakte bzw. aufsteigende Feuchtigkeit können durch Isolierungsmaßnahmen in Grenzen gehalten werden. Zu empfehlen ist ein ausgewogenes Vordach mit Windläden und Stirnbrettern („Pfettenbretteln"). Stirnholz nimmt besonders die Luftfeuchtigkeit auf, diese dringt tief ein, das Pfettenholz fault und das Bauwerk selbst bleibt geschützt.

11. DER EINFLUSS DES MONDES

Die am Firmament sichtbaren Sterne sind selbstleuchtende Sonnen (mit Ausnahme der Planeten) und haben unterschiedlichste Leuchtkraft. Obgleich sich diese Fixsterne in Wirklichkeit mit durchschnittlich 40 Kilometern pro Sekunde fortbewegen, scheinen sie für den irdischen Beobachter wegen der riesigen Entfernungen stillzustehen.

Daraus und durch die Tatsache, daß Sterne in Gruppen erscheinen, ergibt sich die Möglichkeit, Sternbilder zu erkennen. Schon von einem Standpunkt aus ist es möglich, bei klarer Nacht rund 2500 Sterne zu beobachten. Bei Verwendung eines Spezialfernrohres steigt die Zahl gewaltig an. Allein unser Milchstraßensystem, zu dem auch die Sonne gehört, besteht aus ungefähr 200 Milliarden Sternen. Im Universum existieren Himmelskörper in Entfernungen von Milliarden Lichtjahren. Solche Distanzen sind

Übt der Mond geheimnisvolle Wirkungen aus?

für das menschliche Gehirn kaum mehr faßbar.

Der Mond mit einer mittleren Entfernung von 384.000 Kilometern ist der der Erde nächststehende Himmelskörper im Weltraum. Er leuchtet nicht selbst, sondern ist im reflektierten Sonnenlicht sichtbar. Die Mondphasen entstehen durch die unterschiedliche Stellung des Mondes zur Sonne beim Umlauf um die Erde. Dieser Erdumlauf dauert 27,3 Tage. Wir bekommen immer nur dieselbe Seite des Mondes zu sehen, da er sich bei jedem Erdumlauf zugleich einmal um die eigene Achse dreht.

Seit undenklicher Zeit orientieren sich viele Völker nach dem Stand des Mondes. Heute noch beginnen arabische, chinesische oder hebräische Monate mit dem Neumond. Der magischen Einwirkung des Mondes auf Mensch, Tier- und Pflanzenwelt schenkte man seit Urzeiten große Beachtung. Wie alle Lebewesen auf unserem Planeten unterliegen auch wir Menschen einem gewissen Rhythmus, einer Art inneren Uhr, die vom Lauf der Gestirne beeinflußt wird.

Unsere Vorfahren glaubten schon vor langer Zeit, herausgefunden zu haben, daß über Erfolg und Mißerfolg vieler Dinge nicht zuletzt die Mondphase entscheidet.

Ein Großteil dieser geheimnisvollen Einwirkungen ist wissenschaftlich unerforscht und schwer beweisbar, trotzdem schwören zahlreiche Menschen auf die über viele Generationen gewonnenen Erkenntnisse und Erfahrungswerte. Eigens erstellte Mondkalender geben vielerlei Ratschläge über gewünschte Erfolge in den Bereichen Haus, Hof, Wald, Feld, Garten, Ernährung, Gesundheit und Kosmetik.

Auch auf das Holz soll sich die Mondphase auswirken. Diesen Umstand hat man sich schon in der Frühzeit zunutze gemacht und bei der Holzernte beachtet.

12. DIE MONDPHASEN IM EINZELNEN

Gleich wie bei vielen anderen Arbeiten in Haus und Hof sind die Mondphasen auch bei Holzarbeiten von Bedeutung und wurden schon in der Antike beachtet.

Neumond, früher auch „toter Mond":

Neumond herrscht, wenn der Mond zwischen Sonne und Erde steht. Er zeigt uns dann sein dunkles Gesicht. Bei Neumond „zieht und atmet" die Erde ein, eine kurze Zeit lang wirken dann besondere Impulse auf Mensch, Tier- und Pflanzenwelt. Auch für viele Arbeiten mit Holz soll das ein guter Zeitpunkt sein.

Der zunehmende Mond:

Bei zunehmendem Mond erhöht sich die elektrostatische Ladung an der Oberfläche, und die Anziehungskraft der Erde verringert sich. Dies wirkt sich auf viele Dinge entsprechend aus, bringt eine Phase der Regeneration, des Aufnehmens und Zuführens mit sich. In dieser Mondphase kann Grundwasser leicht aufgespürt werden, auch die Suche nach Quellwasser ist bei einem Wasserzeichen (Fisch) besonders günstig. Hier gilt eine Faustregel: Alles, was aus der Erde heraus soll, soll bei zunehmendem Mond begonnen werden. Christbäume behalten ihre Nadeln besonders lange, wenn sie im Dezember umgeschnitten werden.

Vollmond:

Wenn die Sonne jene Seite des Mondes voll anstrahlt, die der Erde zugewandt ist, so sehen wir den Vollmond. Für Mensch, Tier und Pflanzen machen sich dann besondere Kräfte bemerkbar. In dieser Mondphase beschnittene Bäume können absterben. Viele Menschen werden in dieser Phase von einer inneren Unruhe und Schlaflosigkeit geplagt.

Der abnehmende Mond:

Bei abnehmendem Mond wird jene Anziehungskraft, die die statische Elektrizität ausübt, geringer. Diese Mondphase hat auf viele Dinge und Vorgänge großen Einfluß. Es ist eine günsti-

Almen an der Baumgrenze im Großarltal.

ge Zeit für die Bauholzschlägerung. Der abnehmende Mond fördert das Trocknen, Verbinden und Festigen. Je näher es dem Neumond zugeht, desto stärker wird diese Krafteinwirkung. Sollen zwei unterschiedliche Stoffe miteinander durch Zinken, Mischen, Kleben usw. verbunden werden, so ist dies der beste Zeitpunkt. Viele Holzarbeiten, wie Fertigung und Abbinden von Dachstühlen, Herstellung und Einbau von Fenstern, Holztüren, Holztreppen, Holzdecken und Wintergärten können in dieser Mondphase durchgeführt werden. Laut langjährigem Erfahrungswissen sollten diese Arbeiten im Tierkreiszeichen des Steinbockes erfolgen. Die „Kraft zur Erde hin" berücksichtigen auch Bodenleger. Sie schwören darauf, daß ein Holzfußboden, der bei abnehmendem Mond verlegt wurde, ruhiger bleibt und weniger knarrt.

Viele Landwirte beachten die Mondphasen auch beim Setzen von Zaunpfählen. Pfähle, bei abnehmendem Mond oder Neumond gesetzt, werden von der Erde angezogen und halten viel länger und besser. Hingegen faulen bei zunehmendem Mond gesetzte Zaunpfähle rascher und wackeln meist schon nach dem nächsten Frost.

Auch Wurzeln wachsen in dieser Phase tiefer, Dünger baut sich besser in die Erde ein, und in dieser Zeit gedeckte Holzschindeldächer liegen ruhiger. Es ist die Zeit für alles, was in die Erde hinein soll.

13. DIE STERNZEICHEN

Während die Sonne ein ganzes Jahr benötigt, um sämtliche Sternzeichen zu durchwandern, geschieht dies beim Mond innerhalb eines Monats. Der Mond steht im Unterschied zu den anderen Planeten alle paar Tage in einem anderen Tierkreiszeichen.

Häufig verwechselt werden aufsteigender (◠) und absteigender Mond (◡) mit zunehmendem (☽) und abnehmendem (☾) Mond.

In manchen Kalendern werden neben den Zeichen des zu- und abnehmenden Mondes auch jene des steigenden (= über sich gehenden) und fallenden (= unter sich gehenden) Mondes angegeben. Gerade diese Zeichen sollten beachtet werden, da sie bei vielen Dingen größeren Einfluß haben als der ab- und zunehmende Mond.

Fallen etwa absteigender Mond (◡) und abnehmender Mond (☾) zusammen, so verstärken sich die Kräfte zur Erde hin.

Die Sternzeichen teilt man in vier esoterische (Esoterik = Geheimlehre) Grundelemente, die mit einem Geschlecht, Lebensmittel, System im Organismus sowie Pflanzenteil in Zusammenhang gebracht werden.

Feuersternbilder: Widder 🐏, Löwe 🦁, Schütze 🏹 (männliche Zeichen).

Sie gelten für Hitze und Feuer und wirken sich günstig auf die Reifung von Früchten aus. Diese Zeichen bringen auftrocknende Wirkung.

Erdsternbilder: Stier 🐂, Jungfrau 👧, Steinbock 🐐 (weibliche Zeichen).

Die Zeichen der Kälte und Dunkelheit fördern das Wachstum der Wurzeln und begünstigen das Pflanzen und Säen von Knollengewächsen.

Luftsternbilder: Zwilling 👬, Waage ⚖, Wassermann 🌊 (männliche Zeichen).

Sie gelten als Zeichen für Licht und Luft und begünstigen die Pflanzenblüten und bringen ebenfalls auftrocknende Wirkung.

Wassersternbilder: Krebs 🦀, Skorpion 🦂, Fische 🐟 (weibliche Zeichen).

Die Zeichen für Feuchtigkeit und Wasser begünstigen die Entfaltung der Blätter. Sie erhalten die Feuchtigkeit und Geschmeidigkeit.

14. ALTE HOLZSCHLÄGERUNGS- UND HOLZREGELN

Viele Holzfachleute sind davon überzeugt, daß für die Gewinnung von gutem Bauholz vor allem die Winterschlägerung das Wichtigste ist.

Ein weiteres interessantes und von der Wissenschaft noch weitgehend unerforschtes Gebiet sind die Mondphasen. Die Sternzeichen dürften für das Holz, so glauben zumindest manche

Hausspruch.

Fachleute, eine untergeordnete Rolle spielen. Im letzten Jahrzehnt meines Berufslebens als Förster habe ich unzählige alte Schlägerungsregeln gesammelt. Aus vielen Gesprächen mit Handwerkern und Bauern konnte ich in Erfahrung bringen, daß sich manche Regeln widersprechen. Trotzdem möchte ich zur allgemeinen Information einige der alten Regeln hier weitergeben. Über ihre Gültigkeit kann ich keine Zusicherung erteilen.

Das Holzschlagen, daß es fest und gleim bleibt, ist gut die ersten Tage nach dem Neumond im Dezember, wenn ein Luft- oder Feuersternbild darauf fällt.

Wer sein Holz um die Christmett fällt, dem sein Haus wohl zehnfach hält.

Holzgewächse, die in den letzten drei Tagen des Monats Februar – bei abnehmendem Mond – geschlagen werden, wachsen nicht mehr nach, es fault sogar die Wurzel.

Die Tage des Monats – 31. Jänner und 1. Februar – bezeichnet der Holzknecht als Schwindtage.

Am 1. März geschlagenes Holz wird vom Feuer nicht angenommen, es widersteht ihm.

Willst du Fußbodenlegen ohne Schwund, so schlag das Holz, wenn der Mond ganz tief ist am 8. oder 9. Jänner.

Holz, das im alten Mond gefällt wird, brennt gern, es wächst aber ganz langsam nach.

Birkenholz soll in der Zeit um St. Galli, und die Else (Erle) soll gleich nach dem Vollmond geschlägert werden.

Holz, das in den letzten Tagen des Dezembers und Anfang Jänner geschlagen wird, bleibt unverändert. In dieses gehen keine Würmer, und es wird härter, je älter es wird.

Willst du jemandem einen Schaden zufügen, so bohre am 1. August in den Baum ein Loch bis zum Kern – der Baum dörrt und stirbt ab.

Wenn du in den benannten Tagen, deren Drei – Pauli-Bekehr (25. 1.) Valentinstag (14. 2.) und Ägiditag (1. 9.) Holz schlägst, dieses fault nicht bis zum Jüngsten Tag.

Der 25. März, der 29. Juni, der 31. Dezember sind merkwürdige Tage, dies Holz in diesen Tagen geschlagen, schwindet nicht.

Krechtholz oder Machlholz soll geschlagen werden den 26. Februar im abnehmenden Mond, noch besser, wenn der Krebs darauf fällt.

Wer weiches und leicht biegsames Holz will, z. B. zu Faßbindereifen, der schlage dieses Holz im Zeichen des Fisches.

Im Zeichen des Löwen oder der Jungfrau das Holz gefällt, soll es sehr leicht trocken und gelb werden lassen.

Bau- und Möbelholz soll man in den Monaten November, Dezember und Januar im letzten Viertel (im über sich gehenden und unsichtbaren Mond) fällen, aber nicht im Tierzeichen des Krebses und des Schützen, weil da das Holz nicht ruhig bleibt, auch nicht im Skorpion, weil da der Käfer, der Wurm hineinkommt, auch nicht im Fisch, weil da das Holz blauschwarz, naß und schwer bleibt.

Schlägt man Holz am Margaretenabend (13. Juli), so zerkliebt es nicht gleich, ob der Mond auf- oder abnimmt.

Das Brennholz soll man im ersten Viertel des wachsenden Mondes schlagen.

Stauden und Heideunkraut reiße drei Tage vor dem 21. Juni aus, dann wächst es sicher nicht mehr nach.

Brennholz zu arbeiten, daß es gut nachwächst, soll sein im Oktober im 1. Viertel des aufnehmenden Mondes.

Holz, das bei totem Mond in der Waage (Tierkreiszeichen) geschlagen wird, schwindet nicht und kann grün verarbeitet werden.

Holz zu schlagen, daß es gering wird, soll sein im Skorpion und im August, so der Mond einen Tag abgenommen hat; im Stier geschlagen bleibt es schwer.

VII. „BAUHOLZRICHTEN" NACH ALTER ART

Heute arbeiten Holzgewerbe und Holzindustrie mit modernen Maschinen und Computertechnik, die für schwierige Holzkonstruktionen zur Verfügung stehen. Handwerker vergangener Tage bedienten sich sehr einfacher, aber zweckdienlicher Werkzeuge sowie dem Geschick ihrer Hände.

Zu vielen Bergbauernhöfen, Almhütten und anderen Bauten gab es noch vor wenigen Jahren keine Zufahrtsmöglichkeit. Bauholz wurde aus dem naheliegenden Wald herbeigeschafft und an Ort und Stelle geschnitten und gehackt. Unzählige Bauten wurden früher auf diese Art und Weise errichtet.

Bei der Bearbeitung des Holzes für den Blockbau brachten die Handwerker die für den Bau bestimmten Rundstämme zunächst auf Holzschrägen in die geeignete Hackhöhe. Beiderseits des Stammes legten sie eine eingefärbte Schnur. Durch Anzupfen und Loslassen dieser Schnur entstand entlang des Stammes ein Farbstrich, der die gewünschte Hackrichtung markierte. In

Ein Zimmermann bei der Arbeit mit dem Breitbeil; Darstellung aus dem 13. Jahrhundert. Auch damals wurde schon seitlich „eingestochen".

Breit- oder Zimmermannsbeile.

regelmäßigen Abständen wurden nun mit der schmalen Bandhacke Kerben ausgehackt, die Zimmerleute nannten dies „Einstechen", und die verbleibenden Holzteile zwischen den Kerben abgebrochen, d. h. abgetrennt. Es folgte das Feinhacken der beiden Stammseiten mit dem Zimmermannsbeil, was meist zwei Mann gleichzeitig durchführten. Dieser Arbeitsvorgang erforderte viel Erfahrung, Geschick, aber auch Kraft und Ausdauer.

Ein Zimmermann alten Schlages erklärte mir etwas scherzhaft, *„ein guter Hacker konnte so genau arbeiten, daß er in der Lage war, den dünnen vormarkierten Farbstrich entlang des Stam-*

Links: Handwerker beim Aushacken der Kerben mit der schmalen Bandhacke. Nach dem „Einstechen" folgte das Abtrennen („Abbrechen") der verbliebenen Holzteile.
Mitte: Großes handwerkliches Geschick erforderte das Feinhacken der Stammseiten des Bauholzes mit dem Zimmermannsbeil (Breithacke).

mes in der Mitte so zu durchtrennen, daß die verbleibende Hälfte des Farbstriches durchgehend sichtbar blieb".

Als besonderes handwerkliches Können galt es, die „Schnur" (den durch das „Schnüren" angebrachten Farbstrich) nicht zu durchhacken. Die Zimmerleute hatten hier ihren besonderen Stolz, denn fachmännisch zu hacken war nicht leicht, ein guter Hacker wurde von allen respektiert und galt als angesehener Handwerker.

Im Großarltal erzählt man sich dazu noch heute eine Geschichte: Einst kam aus dem benachbarten Kärnten über die Arlscharte ein Zimmermann ins Tal, der Arbeit suchte. Vor jeder begonnenen Hackarbeit wollte er seinen Salzburger Kollegen besonders imponieren und begann seine Arbeit mit dem Spruch:

„Soll ich die Schnur behalten oder gar euch spalten."

Den zweiseitig fertig behauenen Stamm brachten die Handwerker dann auf einem speziell errichteten „Schneidbock" in eine Position, die ein Schneiden mit dem Handgatter (ein in einen Holzrahmen eingespanntes Sägeblatt) gut ermöglichte. Der an der Ober- und Unterseite des aufgebockten Stammes geschnürte Farbstrich zeigte den Bedienern des Handgatters den gewünschten Schnittverlauf an. Mit dem in einem Holzrahmen eingespannten Sägeblatt sägten sie nun, ein Mann oben auf dem Bock und zwei auf dem Boden, den Stamm der Mitte entlang durch.

So entstand das dreiseitig bearbeitete Blockwandholz. Balken für Balken und Brett für Brett

Rechts: Im Hintergrund des Bildes sind Handwerker beim Schneiden mit dem Handgatter auf dem „Schneidebock" zu sehen. Mit dem in einem Holzrahmen eingespannten Sägeblatt sägt ein Mann auf dem Bock und zwei Mann auf dem Boden den Stamm die Mitte entlang durch.

wurden mit dem Handgatter abgeschnitten. Obwohl diese kräfteraubende Arbeitsmethode noch gar nicht so weit zurückliegt und es jetzt noch viele Handwerker und Bauern gibt, die mit der Arbeitsweise des Handgatters vertraut sind, gehört das „Bauholzrichten" dieser Art wohl für immer der Vergangenheit an.

Die für einen Holzbau erforderlichen Kanthölzer, Säulen, Träger, Balken und Streben wurden vielfach mit dem Zimmermannsbeil aus Rundholz ausgehackt. Für das Richten der Wandschalungen, Decken, Fußbodenbretter, Zierleisten, Tür- und Fensterverkleidungen usw. benutzten die Zimmerleute eine Unzahl verschiedenartigster Hobel, Bohrer und Werkzeuge. So gab es u. a. den Schropphobel, Fughobel, Schichthobel, Putzhobel, Rauchbankhobel und Profilhobel. Auch die bei Brettern erforderliche Nut und Feder wurde mit einem speziellen Hobel händisch gearbeitet. All dies erforderte höchste Handwerkskunst.

Drehwüchsiges Holz war speziell für Hackarbeiten äußerst schwer bearbeitbar. Schon aus diesem Grund wurde daher bei der Auswahl des Bauholzes darauf geachtet, daß es möglichst geradwüchsig war.

Allein das Hacken des Bauholzes mit dem Zimmermannsbeil dauerte früher oft tage- und wochenlang, von der ersten „Tagliacht'n" bis Sonnenuntergang. Man kann sich vorstellen, daß nur gestandene Mannsbilder in der Lage waren, diese schwere Arbeit auszuführen.

Hüttenbau im Großarltal (Ellmau). Die mit Handgatter und Zimmermannsbeil zugerichteten Kanthölzer zimmern Handwerker Kranz für Kranz zu möglichst dichten Wänden auf.

VIII. DAS HOLZ UND DIE ZIMMERMANNSKUNST

1. VON ALTEN, SONNENGEBRÄUNTEN HOLZFASSADEN

Schon die Menschen der Frühzeit standen mit dem Wald und dem Naturstoff Holz in engster Verbindung; die ersten Hütten, Werkzeuge, Geräte und Waffen waren u. a. aus Holz gefertigt.

Seine hervorragenden Eigenschaften, leichte Bearbeitung, Vielseitigkeit der Verwendung, Widerstandsfähigkeit, Elastizität und Zähigkeit sind einige der Hauptursachen, daß Holz nach wie vor als edler Bau- und Werkstoff gefragt ist. Werden nicht nur technische und wirtschaftliche Belange, sondern auch ästhetische, biologische und ökologische Vor- und Nachteile beurteilt, so nimmt Holz überhaupt den ersten Platz ein.

Holz „lebt und atmet", vielleicht fühlen sich gerade deshalb so viele Menschen zu diesem natürlichen Werk- und Baustoff hingezogen. Durch seine Atmungsaktivität sorgt Holz für einen ständigen natürlichen Gasaustausch und fördert ein ausgeglichenes, gesundes Raumklima. Holz nimmt Feuchtigkeit auf und gibt sie wieder ab, je nach Feuchtigkeitsgehalt der Umgebungsluft. Wohltuend ist auch der angenehme Geruch dieses Naturproduktes, während verschiedene neuartige Baustoffe nicht selten gesundheitsschädigende und übelriechende Gase und Dämpfe verbreiten. Durch seine wunderschöne, stoffeigene Farbe wirkt Holz auf viele Menschen beruhigend. Die „sonnengebräunten" herrlichen Holzfassaden unserer alten Bauernhäuser fügen sich harmonisch in die Natur.

Noch vor wenigen Jahrzehnten prägten viele bäuerliche Holzbauten unser Landschaftsbild. Ein tiefgreifender Wandel in der Agrarstruktur brachte nicht nur einen sprunghaften Rückgang des bäuerlichen Bevölkerungsanteils, sondern auch weitgehende betriebswirtschaftliche und bauliche Veränderungen.

Unzählige schmucke Bauernhäuser, die vielen Generationen gedient hatten, wurden abgerissen und zum Nachteil unserer Kulturlandschaft durch teilweise unschöne Neubauten ersetzt.

Mit den herrlichen alten Holzbauten verschwand eine jahrhundertealte Tradition bäuerlicher Baukunst, die gerade in Salzburg aufgrund seiner geographischen Lage und einer

Nickllehen in Hüttschlag, in der ehemaligen Knappensiedlung (1981 erneuert).

Mitterhubgut, Paarhof in Großarl, um 1930/35.

Der „Samerstall" in Leogang im Pinzgau ist eines der letzten Zeugnisse des Samerverkehrs (Lastenverkehr auf Saumwegen) durch das Land Salzburg. Erste urkundliche Erwähnungen des Baues reichen bis in das Jahr 1250 zurück. Der Stall weist mit seiner spätgotischen Säulenhalle, Holzteilen in Blockbauweise von 1616 und dem reichen, qualitätvollen Holzzierrat künstlerische und architektonische Werte auf. Das Obergeschoß diente als Unterkunft für Säumer. Der „Samerstall" steht seit 1969 unter Denkmalschutz.

Zu den ältesten Pferdeställen des Landes zählt jener bei Schloß Kammer in Maishofen, der um 1600 entstanden sein dürfte.

geschichtsträchtigen Vergangenheit eine Hochblüte erfahren hatte.

Der Bauer der Frühzeit war nicht nur Bearbeiter von Grund und Boden, auch die notwendigen Gebäude, Werkzeuge und Einrichtungen entstanden zumeist durch seine Hand.

Zum Bauen bediente man sich ausschließlich natürlicher Baustoffe, am besten eignete sich dafür der in unmittelbarer Nähe vorhandene und stets erneuerbare Baustoff Holz. In der Entwicklungsgeschichte ältester Baudenkmäler stehen Bauernhäuser an erster Stelle. Kaum anderswo tritt das handwerkliche Geschick bei der Bearbeitung und Verwendung von Holz so eindrucksvoll in Erscheinung. Bäuerliche Bauten geben über vielerlei Auskunft: über die räumliche Ausbreitung und den zeitlichen Ablauf der Besiedlung, aber auch über die Art der Bodennutzung.

Erst im 16. und 17. Jahrhundert wurde Holz, speziell im Bereich von Feuerstätten, durch Stein ersetzt. Häuser mit einem Erdgeschoß aus Stein stammen meist aus dem 18. Jahrhundert. Bis ins 19. Jahrhundert war das Land Salzburg vorwiegend ein Holzbaugebiet, Holz am Bauernhof war allgegenwärtig.

Um Wohnen, Ernten, Speichern der Vorräte und das Einstallen des Viehs zu ermöglichen, bedurfte es vieler Gebäude. Je nach geographischen Gegebenheiten haben sich im Laufe der Zeit verschiedenartige Hofformen entwickelt. Dienen zum Wohnen, Bergen und Einstallen

Gemälde „Alt-Leogang" von Michael Hofer, um 1850, mit dem „Samerstall".

Pongauer Paarhof. Das Oberschiedlehen in Großarl.

mehrere Gebäude, so ist dies baukundlich ein Mehrhof. Während sich im Einhof alle wichtigen Arbeiten unter einem Dach abwickeln, geschieht dies im Mehrhof in verschiedenen Gebäuden. Der Paarhof etwa besteht aus wenigstens zwei Gebäuden, von denen mindestens ein Gebäude als Mehrzweckgebäude (Stall/Scheune) dient. Beim Zwiehof sind Wohnbereich und Stallbereich voneinander getrennt. Natürlich zeigen Gehöfteformen je nach Gegend, im voralpinen Bereich oder in alpiner Lage, verschiedenartige Ausprägungen. Während im voralpinen Bereich der Flachgauer Einhof typisch ist, gibt es auch den Tennengauer, Mitterpinzgauer oder Lungauer Einhof.

Verlaufen die Firstrichtungen der sich am Hof befindlichen Baulichkeiten parallel oder rechtwinkelig zueinander, so spricht man von einem geregelten Gruppenhof. Stehen die Firstrichtungen der Gebäude dagegen ungeregelt zueinander, handelt es sich um einen ungeregelten Gruppenhof, der auch als Haufen- oder Streuhof bezeichnet wird.

Für die Bestimmung der Hausformen bedient sich die Hauskunde der Grundrisse des jeweiligen Hauses. Je nach Verlauf des Hausflures zum Dachfirst wird zwischen Längsflurhaus, Querflurhaus, Seitenflurhaus und Eckflurhaus unterschieden. Verläuft der Hausflur parallel zur Firstrichtung, so ist dies ein Längsflurhaus.

Auch heute noch finden sich im Land Salzburg, trotz unzähliger Abbrüche, schöne Beispiele verschiedenster Haus- und Gehöfteformen, die nicht nur betriebswirtschaftlich bis ins

Ilgbauer in Tamsweg, 17. Jahrhundert.

Krämerbauer in Anif bei Salzburg.

Zur Stabilisierung der Holzwände dienten bei alten Bauten Holzdübel aus Lärche.

letzte Detail durchdacht sind, sondern auch höchste Handwerkskunst darstellen.

2. IN HARMONIE MIT DER LANDSCHAFT

Im bäuerlichen Bauwesen Salzburgs waren hauptsächlich die Bauarten des Blockhauses und des Ständerbaues gebräuchlich. Beim Blockbau bilden übereinanderliegende Rund- oder Kanthölzer die Wände, die an den Ecken durch „Kopfschrot" oder „Schließschrot" verbunden und verzinkt wurden. Zur Stabilisierung der Holzwände verwendeten die Erbauer Holzdübel. Die für den Bau erforderlichen Kanthölzer hackten die Handwerker mit großem Geschick

Abrahamhof in St. Michael im Lungau, 18. und 19. Jahrhundert (Freilichtmuseum Großgmain).

Neumann-Haus aus Göriach im Lungau, 16. Jahrhundert (Freilichtmuseum Großgmain).

Stiedlgut in Saalfelden.

Brückerhof in Reitsam, Pfarrwerfen.

aus, sodaß beim „Schließen" der Wände möglichst wenig Fugen entstanden. War eine Fugenbildung durch die Beschaffenheit der Stämme unvermeidbar, so stopfte man diese meist mit Moos aus.

Beim Ständerbau entsteht das Wandgerüst durch in Grundschwellen senkrecht eingezapfte Säulen, die durch Querriegel und Verstrebungen versteift werden. In der Regel wurde das Ständergerüst mit senkrechten Holzläden verschalt oder fallweise verschindelt. Bei Anbringung einer Innenschalung blieb das Bundwerk nach außen sichtbar.

Mit großem Gespür verstanden es unsere Vorfahren, ihre Bauernhäuser in die Landschaft zu stellen. Die Harmonie der Bauwerke im ganzen, aber auch die ihrer Einzelteile sowie Reichtum und Originalität der Formen bieten dem Betrachter ein einzigartiges Bild.

Besonders hervorheben möchte ich, daß sich viele Bergbauernhöfe, wo für einen aufwendigen Bau das Geld fehlte und der gesamte Ausbau

Strohlehen in Goldegg/Weng (1797).

Asthüttgut in Hüttschlag.

Zehenthof in Flachau im Pongau, 1854 erbaut.

Heugatgut in St. Veit im Pongau (Neubau).

äußerst bescheiden war, trotzdem durch Harmonie, Zweckmäßigkeit und Originalität auszeichnen.

Für solche Bergbauernhäuser trifft der überlieferte Satz zu:

„Das Haus steht vor uns, als eine gesunde, lebensfrohe, charaktervolle und volkstümliche Erscheinung, nicht als etwas Gemachtes und Gesuchtes, sondern als etwas notwendig so Gewordenes – ein verständnis- und gemütvolles Werk."

Über den architektonischen Eindruck unserer Bauernhöfe schrieb im vorigen Jahrhundert ein stiller Bewunderer:

„Das harmonische Zusammenwirken dieser eigenthümlichen Holzgebäude mit der grossartigen Alpennatur, auf deren Boden sie gewachsen zu sein scheinen, ist schon oft mit Recht hervorgehoben worden. In der That bleibt ein Aufgehen in die Natur die einzige Auskunft der Baukunst, wo sie innerhalb einer so überwältigenden Umgebung sich bethätigen muss, ein Wettkampf

Hochrainberg in St. Veit im Pongau, Bau 1686.

Wohnspeicherhaus Großmaierhof in Goldegg (1582).

Zischkhäusl in Perwang im Flachgau, 18. Jahrhundert.

Köckengut in St. Veit im Pongau.

mit ihr, ein wirksames Ihrgegenübertreten ist unmöglich; dennoch ist auch hier ein contrastliches Wirken thätig, die breiten niedrigen Verhältnisse, das flache Dach, die warme Farbe, das gemütliche enge Familiengehäuse, als Vorgrund des erhabenen, himmelsteigenden, aber etwas kalten Naturbildes."

Ein gutes Beispiel für einen Einhof stellt der Denkmalhof „Kösslerhäusl" an der Landesstraße zwischen Großarl und Hüttschlag im salzburgischen Pongau dar.

3. DENKMALHOF „KÖSSLERHÄUSL"

Das „Kösslerhäusl", eine für diese Gegend typische Wohnstätte einer Bergmannsfamilie, stammt vermutlich aus dem 16. Jahrhundert.

Kaum sonstwo dürfte es gelungen sein, am alten Standort ein derart eindrucksvolles Holzgebäude über Jahrhunderte hindurch bis heute im Urzustand zu erhalten. Das Kösslerhäusl, ein aus früher Zeit unverändertes Blockhaus, ist zwar dem Alter nach nicht genau bestimmbar,

Denkmalhof Kösslerhäusl in Großarl (16. Jahrhundert).

Rauchkuchl im Denkmalhof „Kösslerhäusl" mit Kobel und Sechtelherd.

Schlafkammer im Denkmalhof Kösslerhäusl in Großarl.

getreues Bild der ärmlichen Lebensverhältnisse seiner einstigen Bewohner zu geben, wurde bei Sanierungen auf die Beibehaltung des ursprünglichen Zustandes geachtet. Eine besondere Sehenswürdigkeit stellt die alte Rauchkuchl mit den herabhängenden glänzenden Pechzähren (Pechzapfen) dar.

Eine mächtige Herd-Ofen-Anlage mit Kobel, Sechtelherd und hölzernem Rauchabzug ist ebenfalls gut erhalten. Im Obergeschoß, im sogenannten „Zimmer", befinden sich zahlreiche uralte Geräte aus Holz, so auch ein nur aus Holz gefertigter Pflug. Der Denkmalhof „Kösslerhäusl" wird vom örtlichen Museumsverein betreut.

doch ist die Existenz der Bergknappenfamilie Kössler ab dem 16. Jahrhundert nachweisbar. Das roh gezimmerte Kleinsiedlerhäuschen faßt Wohnen, Bergen und Einstallen in einem Gebäude zusammen.

Die Bergknappen hatten harte Zeiten zu überstehen. Die meist kinderreichen Familien mußten in Notzeiten, wenn es im Kupferbergbau in Hüttschlag keine Arbeit gab, mit den erwirtschafteten Erzeugnissen ihrer äußerst spärlichen Landwirtschaft auskommen. Um ein wahrheits-

4. HOLZVERBINDUNGEN AN BAUWERKEN

Die mittels Handgatter und Zimmermannsbeil zugerichteten Kanthölzer, manchmal waren es auch nur Rundlinge, zimmerten die Handwerker geschickt Kranz für Kranz zu möglichst dichten Wänden aufeinander. Um Kontakt mit der Erdfeuchtigkeit zu vermeiden, lag der unterste Kranz der Holzkonstruktion vielfach auf einer

Hiertlhaus aus Dorfbeuern im Flachgau, 1836 (Freilichtmuseum Großgmain).

Bauernhaus Schloß Kammer, Maishofen.

Vorstehende Holzköpfe an den Verbindungen kennzeichnen die Kopfschrot.

Klingschrot.

aus Steinen errichteten Trockenmauer. Schon sehr früh entwickelten sich verschiedenartigste Techniken, Holzteile miteinander zu verbinden bzw. verzinken.

Die häufigste herkömmliche Holzverbindung an den Ecken der Außenwände eines Hauses sind die Kopfschrot, bei Innenwänden die Schließschrot, die an den Übergriffsflächen mit der Hauswandebene abschloß.

Ist der Verband der Schrotwände durch die sogenannten „Schrotköpfe" gekennzeichnet, so bilden die aus der Wandflucht vortretenden

Immer wieder finden sich bei den Verzierungen Zimmermannswerkzeuge als Schmuckmotive: Zimmermannsbeil, Zugsäge, Zirkel, Hobel.

Besonders reichhaltige Verzierungen beim Handlwirt in Lend im Pongau. Neben verschiedensten Ziermustern sind regelmäßig die gewöhnlichen Hirnflächen der Schließ- und Klingschrote eingeschaltet.

Zierschrot beim Gerichtshaus in St. Veit mit der Jahreszahl 1702 und dem Namen des ehemaligen Besitzers Christian Fiertyger.

Beim Metzgerwirt in der Sebastian-Hörl-Gasse, Zell am See, findet sich ein besonders schönes Beispiel hoher Zimmermannskunst: Die einzelnen Buchstaben von links nach rechts, Zeile für Zeile gelesen, ergeben die Wörter: IESUS; MARIA; IOSEPH. Beide Reihen setzen sich nach unten mit verschiedenen Buchstaben und Zeichen fort. Sie dürften mit den seinerzeitigen Besitzern in Zusammenhang stehen.

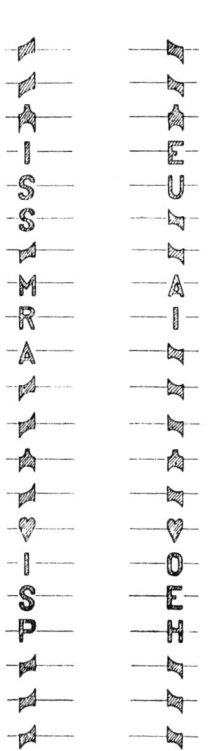

Zierschrot beim Schüttbachgut in Embach, Gemeinde Lend im Pinzgau. *Zierschrot als Jahreszahl (1838) beim Ufergut in Schwarzach im Pongau.* *Jagdmotive beim Karlhaus in Hüttschlag, erbaut 1897.* *Zierschrot.*

Schrotkopfreihen eine optisch auffallende Vertikalgliederung, wodurch die Eckkanten des Hauses und auch die Mittelwände ersichtlich sind.

Besonders bei aufwendigen Holzbauten tritt anstelle des Kopfschrotes der Zier-, Kling- oder Glockenschrot, phantasievolle Verzierungen, die durch künstlerische Auskerbungen an deren Seitenkanten geschaffen wurden.

Für den Beschauer solcher Verzierungen bietet sich zunächst ein nicht leicht zu enträtselndes Bild von vertikal angeordneten Buchstaben, Ziffern sowie kleinen Figuren und Zeichen. Eine Entzifferung ist deshalb schwierig, weil zwischen den einzelnen Buchstaben und Zeichen immer wieder gewöhnliche Hirnflächen der Schließ- und Klingschrot eingebaut sind. Offensichtlich wollte man damit ein besseres Hervortreten der einzelnen Zeilen und Buchstaben bewirken. Neben Buchstaben und Jahreszahlen wurden vornehmlich Zimmermannswerkzeuge, Tierköpfe, Krüge, Hufeisen, Herzen und viele frei der Phantasie der Zimmerleute entspringende Formen bildlich dargestellt.

Auffallend ist auch, daß bei den meisten Verzierungen selten mehrere Buchstaben unmittelbar aufeinander folgen, da immer wieder andere Zeichen eingeschaltet wurden. Aufgrund der Konstruktion des Holzaufbaues zeigen sich zwischen den einzelnen Figuren und Buchstaben die Längsfugen der Fassadenwand.

In der Regel stand hinter den in besonderer Holztechnik geschaffenen Vertikalverzierungen auch ein bestimmter Sinn. Die Anfangsbuchstaben deuten zumeist auf die Namen der Besitzer, öfters wurde auch die Jahreszahl des Gebäudebaus angegeben. Die verschiedenen anderen Zeichen, wie Wild- und Haustierköpfe, Hufeisen, Krüge usw., zeugen hingegen von der im Haus ausgeführten Handwerkskunst oder deuten auf bevorzugte Leidenschaften der Hausbesitzer, wie etwa die Jagd. Mitunter finden sich bei alten Holzbauten an der Schrotverzierung auch fromme Sprüche. Dies war nur durch kreuzweises Aneinanderreihen der Buchstaben möglich. Die Herstellung derartiger Buchstaben oder Zeichen erfolgte nach einer speziellen

Die zweifache und dreifache Schwalbenschwanzverzinkung (auch Glockenschrot genannt) findet man öfters bei Lungauer Getreidekästen.

Technik. Dabei stemmten die Zimmerleute gewisse Holzteile der Hirnfläche des Schrotbalkens auf eine gleichmäßige Tiefe von zwei bis drei Zentimetern aus und bastelten in entstandene Vertiefungen entsprechende Holzeinsätze.

Besondere Verzinkungen der Blockwände finden sich an alten Getreidekästen des Lungaus. Diese hölzernen Speichergebäude stammen meist aus der Zeit zwischen dem 16. und 18. Jahrhundert. Die bodennahen Scharen der Blockwände sind zum Schutz gegen Erdfeuchtigkeit in den bodennahen Ecken durch Kopfschrot verbunden. In weiterer Folge finden sich die kunstvoll ausgeführten ein- bis zweifachen Glockenschroten, auch Schwalbenschwanzverzinkung genannt. An manchen Getreidekästen des Lungaus sind die unteren Balkenkränze im Kopfschrot, die weiteren im Klingschrot ausgeführt, der erste Kranz des leicht vorragenden Obergeschoßes (Mauskehr) weist hingegen den „dreifachen Schwalbenschwanz" auf. Diese Holzverbindung zählt zu den kunstvollsten Zimmerungsarten der Ostalpen.

5. FENSTER UND TÜREN, DIE „AUGEN" DES HAUSES

In der Geschichte des Hauses spielten dessen Öffnungen – Fenster und Türen – schon immer eine wesentliche Rolle. Sie brachten Licht, schützten vor der Finsternis, bösen Geistern, bösen Menschen und wilden Tieren. Die Haustür hatte daher einen gewissen kultischen Stellenwert. Türen alter Bauernhäuser gaben durch ihre Machart und Gestaltung ein Gefühl der Sicherheit und des Wohlbefindens.

Alte Häuser haben etwas Verbindliches und Freundliches, die Haustür war üblicherweise so gestaltet, daß der Besucher keine Schwellenangst zu überwinden brauchte.

Knotzingerhaus aus Lamprechtshausen, 1798; Sillbauernhaus aus Adnet, 1862; Bauernpeterhaus aus Nußdorf; Zischkhäusl aus Perwang, 18. Jahrhundert (Freilichtmuseum Großgmain).

Schmidhaus aus Berndorf; Abrahamhof aus dem Lungau, 1810; Jagabauer in Goldegg, 1880; Amtmann in Werfen, 1950.

Die ältesten Formen der Fenster wurden als Lucken bezeichnet und konnten innen mit einem hölzernen Schubdeckel geschlossen werden.

Fenster und Türen bestimmen den Charakter eines Hauses. Die Art, wie diese angeordnet sind, welche Form und Größe sie im Verhältnis zur Fassade haben, entscheidet über das Aussehen insgesamt. Durch ihre Gestaltung können Fenster und Türen einem Gebäude eine gewisse Ruhe, Ausgeglichenheit und Harmonie verleihen. Alte Fenster und Türen besitzen meist trotz einfacher Ausführung eine überlieferte Schönheit der Proportion.

Unsere Ahnen hätten uns eine einzigartige Baukultur und prachtvolle Häuserlandschaft hinterlassen. Gut durchdachtes Bauen war selbstverständlich. Es scheint, es wurde ihnen das Gefühl für Harmonie und Proportion schon in die Wiege gelegt. Natürlich spielte bei der Ausführung von Bauten und Einrichtungen auch die Zweckmäßigkeit eine wichtige Rolle.

Die älteste Form der Fenster, bei Holzhäusern allgemein als „Lucke" bezeichnet, wurde aus zwei Bohlen ausgeschnitten und nach außen an den Kanten abgeschrägt. Bei diesen Hauslucken fehlten die Fensterrahmen, Verzierungen gab es keine, manchmal ergänzte ein einfacher Holzrahmen an der Außenwand die Fensteransicht. Lucken in Deckennähe dienten zum Rauchabzug, solche „Rauchlucken" sind typisch für kaminlose Rauchhäuser.

Die vielfach nicht in einer Ebene, sondern unregelmäßig übereinanderliegenden Lucken konnten mit einem hölzernen Schubdeckel geschlossen werden. Um die Festigkeit der Wände nicht zu beeinträchtigen, das Haus vor unerwünschten Eindringlingen sowie Wind und Wetter zu schützen, wurden die Fenster äußerst klein gehalten. Auch im Winter hielt sich so die Wärme besser im Haus. Die Anordnung der seitlich übereinander liegenden Lichtlucken war abhängig von der Art und Anlage des Hauses. Bewußt wurde der Platz der Fenster so gewählt, daß der volle Lichtstrahl auf den Tisch des Hauses fiel. In Herdnähe wurden die Öffnungen

Lucken sind typisch für kaminlose Rauchhäuser.

etwas höher angebracht, denn beim Kochen war Licht von oben gewünscht. Die oberen Lichtlucken sorgten zugleich mit den etwas unter der Decke liegenden Rauchlucken für bessere Entlüftung.

Erst mit der Einführung der Fensterstöcke und damit des drehbaren, verglasten Angelfensters konnte die Wandfestigkeit gewahrt und auch die Fenstergröße entsprechend geändert werden.

Viele Bauernhäuser jüngerer Bauart weisen „Kastenfenster" auf. Diese wurden in einem verhältnismäßig tiefen Fensterstock sowohl außenseitig als auch innenseitig mit zweiflügeligen Fensterrahmen versehen. Bei Kastenfenstern unterschied man Pfostenstockfenster und Leisten-Pfostenstockfenster. Bei ersteren öffnen sich die Innenflügel raumseitig, die Außenflügel nach außen. Bei Leisten-Pfostenstockfenstern sind die Fenster so angeschlagen, daß sowohl Innen- als auch Außenfenster nur nach innen aufgehen. Kastenfenster waren wegen ihrer einfachen Konstruktionsweise, ihrer schönen Form und hervorragenden Schall- und Wärmedämmeigenschaft besonders beliebt.

Heute sind diese Kastenfenster vielfach durch neuartige, sogenannte „Verbundfenster" ersetzt. Wegen ihrer schönen Form wie auch als architektonisch wertvolles Bauelement erfahren Kastenfenster seit einiger Zeit eine neue Wert-

Trotz einfacher Ausführung zeigen Fenster alter Gebäude eine besondere Harmonie und werden wegen der schönen Form auch heute wieder geschätzt.

schätzung, und ihre Verwendung nimmt wieder zu.

Über Jahrtausende bezog man das Holz für Fenster und Türen aus den heimischen Wäldern.

Daher ist es eigentlich unverständlich, warum so viele Exotenhölzer aus der Dritten Welt bei uns Abnehmer finden. Nicht selten stammen solche Hölzer aus Ländern, in denen eine geordnete, nachhaltige Waldwirtschaft ein Fremdwort ist. Diese unkontrollierten, wilden Waldrodungen sind mitverantwortlich für unsere Umweltschäden. Für echtes, landschaftsgebundenes Bauen eignen sich nach wie vor unsere heimischen Holzarten am besten.

Viele bäuerliche Holzbauten hatten früher einfache, breite Türstöcke, die am oberen Ende häufig Einkerbungen aufweisen.

Alte Haustüren mit schweren Rahmen und soliden Füllungen zeigen oft Verzierungen mit Ringen, Ranken oder Rundscheiben. Öfter finden sich auch aufgedoppelte Türen. Diese Aufdoppelungen sind durch strahlenförmige Sonnenscheiben, meist sechszackige Sterne, Fischgrätenmuster und dergleichen ausgeführt. Diese

Typische Türform bei alten Holzbauten im Pongau.

In manchen Gegenden Salzburgs finden sich Türstöcke mit verzierten oder bemalten Sturzbrettern.

solide getischlerten Türen weisen neben den kunstvoll ausgeführten Türschlössern und Türklinken noch einen Riegel aus Holz zur besseren Absicherung auf.

Jüngere Holzhäuser erhielten durch Verzierung der Tür- und Fensterumrahmung, speziell in den Obergeschoßen, eine besonders kunstvolle Ausschmückung. Bei reicher ausgestatteten Fassaden besitzen die Türöffnungen mindestens einseitige Verkleidungen. Bei aufwendigen Bauten zeigen Fenster und Türumrahmungen reichhaltige Verzierungen.

Häufig sind die Außenränder der Umrahmungen in zierlicher und origineller Weise ausgeschnitten. Türen, Deckenbalken sowie Tür- und Fensterverkleidungen tragen oft wunderschöne Bemalungen. Die freundlichen Farben und Verzierungen der Haustüre mit unterschiedlichen Ornamenten, Jahreszahlen und Initialen erwecken im Besucher den Eindruck, daß er im Haus herzlich willkommen ist.

Vielfach waren Fenster auch vergittert. Bei Holzgebäuden gab es durchwegs Fensterkreuze, bei Lichtlucken sicherte man diese mit einem Eisenstab längs oder quer zur Balkenlage.

Waren Fensterstöcke vorhanden, fand sich meist ein Diagonalkreuz, bei dem am Kreuzungspunkt ein Ring, Herz oder ein anderes

Fensterlucke und Zierschrot in Form einer Kirche beim „Samerstall" in Leogang im Pinzgau.

Fenstergitter schützen nicht nur vor Einbrechern, sondern zeigen auch kunstvolle Formen.

Muster in den Eisenstäben eingeschmiedet war.

Vor allem bei Fenstern und Türen alter Bauernhäuser tritt großer Formenreichtum auf. Das harmonische Zusammenwirken von Holz, Stein und Eisen kommt hier in besonders eindrucksvoller Weise zur Geltung.

6. ZAUBER IM HOLZBAU. VON FIRSTPFETTEN, STIRNBRETTERN UND DER VORDACHSCHALUNG

Dem Wort „Haus" liegt ein tiefer Sinn zugrunde. Peter Rosegger bezeichnete das Haus treffend als „Kleid der Familie" und brachte dieses Bild in wunderbarer Weise zum Ausdruck. Kleider schützen und verschönern, so ist auch das Haus nicht nur eine Stätte des Wohnens und der Geborgenheit, sondern auch Ausdruck einer bestimmten Gesinnung und eines bestimmten Stilgefühls. Schon sehr früh hat man das Haus mit dem Wesen der Welt und des ganzen Lebens gleichgesetzt. So wurde einst die Asche der Toten in hausförmig gestalteten Urnen aufbewahrt, man hat Gräber wie Häuser errichtet und sogar Särge mit Satteldach gebaut.

Daher nahm das Haus in der Familie immer schon einen besonderen Stellenwert ein. Die Menschen hatten das Bestreben, dieses Heiligtum nach innen und außen sauber zu halten und gegen alle üblen Einflüsse abzuschirmen.

Nach alt überlieferter Meinung verschaffte sich das Unheimliche und Böse besonders über Tor, Tür und Dachfirst Einlaß ins Haus. Diese Stellen schützte man deshalb durch verschiedenste „Gegenzeichen" ab. Auch die Anbringung verschiedener Tierköpfe (Schädel von Pferden, Rindern, Kälbern oder Ziegen) sollte die gleiche Wirkung bringen. Mitunter waren auch an Türen, im Haus oder an Möbeln Abwehrzeichen angebracht. Neben der abwehrenden Hand fanden sich Sieben-, Acht- und Neunspitz, Drudenfuß (Fünfstern), Hexenkranz und Teufelsknoten. Alle diese Zeichen erfüllten nach altem Volksglauben den gleichen Zweck. Als schutzbringend galten auch verschiedene Pflanzen. Johannis-

Gegen das Unheimliche und Böse schützten nach Meinung unserer Vorfahren auch Schädel von Pferden, Rindern, Kälbern oder Ziegen.

Der Drudenfuß (Fünfstern) an einem Bett im Denkmalhof „Kösslerhäusl" sollte vor Dämonen und bösen Geistern schützen.

kraut, an allen Ecken von Haus und Acker befestigt, bewahrte vor Schauer und Hagel. Die Hauswurz auf dem Dach sollte vor Blitzschlag schützen. Auch Haselnuß, Wacholder und Holunder sollten für Haus und Hof Heil und Segen bewirken.

Die Sator-Arepo-Formel:

Beim Ausschneiden eines Holztrams am Wirtschaftsgebäude des Zandlgutes im Großarltal entdeckte man 1992 zufällig ein mit alten geheimnisvollen Zeichen beschriebenes Zettelchen. Zunächst konnte die Inschrift nicht gedeutet werden. Dr. Otmar Weber vom Salzburger Landesarchiv erkannte und entzifferte den Inhalt dieses Schreibens. Es handelte sich um die berühmte „Sator-Formel". Das Sator-Quadrat war bereits in der Antike bekannt. Bis in die jüngste Neuzeit ist seine magische Anwendung als Schutzzeichen belegbar.

Das Sonderbare an der Formel ist, daß die lateinischen Wörter waagrecht

S A T O R
A R E P O
T E N E T
O P E R A
R O T A S

von links nach rechts und von rechts unten nach links sowie senkrecht von links oben oder von

Beim Ausschneiden eines Holztrams am Wirtschaftsgebäude des Zandlgutes im Großarltal wurde 1992 die geheimnisvolle Sator-Arepo-Formel entdeckt.

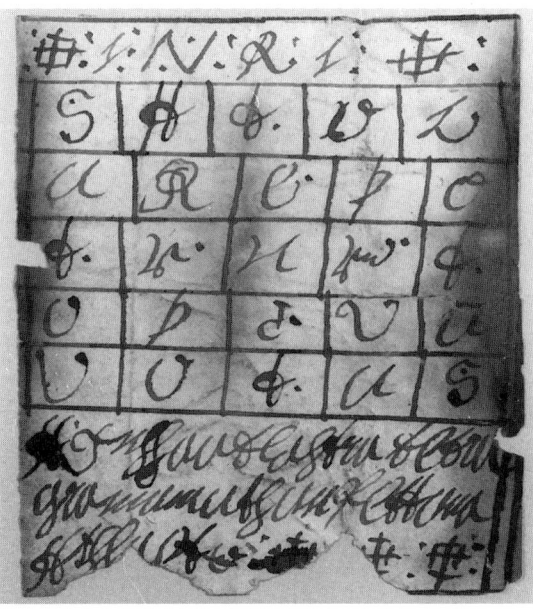

rechts unten aufwärts gelesen, den selben Satz ergeben. Die wörtliche Übersetzung ergibt: Der Sämann Arepo hält mit Mühe die Räder. Freiere Übersetzungen – wobei einzelne Buchstaben als Abkürzungen aufgefaßt werden – ergeben eine Reihe weiterer Deutungen. Durch Umstellung der Buchstaben lassen sich Sätze in teilweise bedenklichem Latein bilden. Seit Bekanntseins der Formel versuchten antike, jüdische, gnostische und christliche Autoren alle nur denkbaren Sinngehalte herauszulesen bzw. „hineinzulegen". Viel Bedeutung maß man aus christlicher Sicht dem die Mitte des Quadrats bildenden

```
         T
         E
     T E N E T
         E
         T
```

zu, das ein Kreuz bildet, wobei die an den vier Enden stehenden T wiederum an die frühchristliche Form des Kreuzes erinnern. Als tieferer Sinn ergibt sich: das Kreuz tenet (= hält) Christus. Um das N im Mittelpunkt lassen sich die Buchstaben auch in Kreuzform zu einem zweifachen PATERNOSTER anordnen, wobei ein ebenfalls zweifaches A und O (Alpha und Omega) das Ganze vollendet.

Manche sehen in der Formel ein sinnloses Wortspiel, mystisch veranlagte Menschen glaubten von Anfang an, in den vielen möglichen Lösungsvorschlägen magische, wundertätige, ja sogar zauberkräftige Wirkung zu erkennen. Gerade die oft schwer nachvollziehbaren und undurchsichtigen Erklärungen übten beim einfachen Volk großen Eindruck aus.

Auf dem am Zandlgut gefundenen Zettel mit der „Sator-Arepo-Formel", der wohl als Haussegen und Unheil abwehrendes, also apotropäisches Schutzmittel gedacht war, sind weiters die Buchstaben INRI (Jesus Nazarenus Rex Judaeorum) zu lesen. Sie sind von Kreuzen, deren Balken wieder als Kreuzchen gestaltet sind, umgeben. Unter der Formel befinden sich in schwer entzifferbaren zusammenhängenden Buchstaben drei weitere Zeilen: Ath(n?)hhaatlohtratetra – grammathon Pettona – AthhaAo sowie weitere drei wie oben gestaltete Kreuze. Es handelt sich dabei um unverständliche bzw. unverstandene Wortfetzen aus früher gern verwendeten Zauberwörtern, wovon gerade Ath öfters zu finden ist, und in Zeile 1 und 2 das griechische Wort Tetragrammaton (Vierzeiler) heraussticht. Unter dem Tetragrammaton sind die vier hebräischen Buchstaben J-H-W-H zu verstehen, mit denen der Gottesname JAHWE umschrieben wurde. Diesen vier Konsonanten als Sinnbild Gottes wurde ebenfalls unheilabwehrende Macht zugeschrieben. Da der Sator-Formel seit dem Mittelalter auch blitzabwehrende Wirkung zugeschrieben wurde, ist ihre Verwendung in Holzbauten leicht verständlich.

Pfette beim Getreidekasten des Monggutes in Embach im Pinzgau, Jahreszahl 1819. Anfangsbuchstaben des Bauherrn und christliche Symbole.

Stallgebäude Stoffgut in Embach/Lend, 1686. Anfangsbuchstaben des Bauherrn, an der Pfettenunterseite das Segenssymbol GGSG = Gott gebe Segen und Glück.

Bemalte Firstpfette beim Hiertlhaus (Freilichtmuseum Großgmain) mit den Anfangsbuchstaben des Bauherrn und christlichen Segenssymbolen. An der Rückseite der Pfette die Jahreszahl 1836.

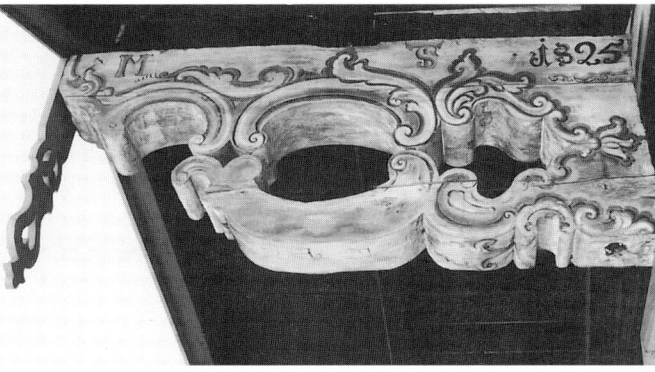

Bemalte Firstpfette beim Schmiedhaus in Embach (1825).

7. DÄMONEN, HEXEN UND GEISTER

In früher Zeit war die Furcht vor Gefahren, die dem Haus drohten, wie Stürme, Feuer, Hochwasser, Blitz- und Hagelschlag, aber auch die Angst vor übernatürlichen Mächten, Dämonen, Hexen und Geistern überaus groß.

Vor allem am hochragenden Giebel, dem „Kopf" des Hauses, brachten unsere Vorfahren häufig verschiedene Zeichen an, um Unwetter und dämonischen Mächten entgegenzuwirken.

Firstpfetten waren bevorzugte Stellen, um Zeichen, Hausmarken, Namenszeichen, Abwehrgebilde, christliche und heidnische Symbole, Fruchtbarkeitsmotive oder sonstige ornamenthafte Verzierungen anzubringen.

Im Flachland bevorzugte man Bemalungen, während im Gebirge Zimmermannsarbeiten mit schmückender Bearbeitung des Holzes im Vordergrund standen. Vielfach waren bei älteren Bauten die Dachpfetten, besonders aber die Firstpfetten, an den über die Giebelwand vorspringenden Teilen, ähnlich den Tragbalken des Hausganges, ausgeschnitten und ausgeformt.

Firstpfette beim Wohnhaus Eder in Lend, mit den Anfangsbuchstaben des Bauherrn und christlichem Segenssymbol (Maria).

Mittelpfette mit Rankenornament beim Gerichtshaus in St. Veit im Pongau (1702).

Reich verzierte Firstpfette beim Hackergut in Eschenau bei Lend im Pinzgau, Jahreszahl 1703. Mit den Namen der Erbauer Adam und Marya Eschen. An der Pfettenunterseite stehen christliche Segenssymbole (Maria, GGSG).

Während die Mittelpfetten einfacher ausgeführt sind, zeigen die Firstpfetten neben Bemalung und Schnitzarbeit eine ungemein reiche Profilierung.

An vereinzelten Pfettenenden waren verschiedenartige Tierköpfe als Abwehrsymbole angebracht. Häufig sieht man auch komplizierte Band- und Blätterornamente nachgeahmt, die in einer außerordentlich feinen Technik ausgeführt sind. Hauptsächlich finden sich an den Pfettenköpfen aber Zeichen und Buchstaben religiöser Bedeutung, Baujahr sowie die Anfangsbuchstaben oder auch ganze Namen der Erbauer oder des Bauherrn. Die den Holzflächen eingeschnittenen oder aufgemalten Zeichen, Ziffern und Buchstaben entsprechen in Gestaltung und Ausführung der Zeit, aus der sie stammen.

Bei Firstpfetten mit reicher Bemalung waren in historischer Reihenfolge vorzugsweise die Farben Schwarz, Rot und Ocker, in jüngerer Zeit auch Blau und Grün in Verwendung. Bei älteren Bauten beschränkte man sich auf die Bemalung der Einschnitte, während die übrigen Teile der Pfettenflächen unbemalt blieben.

Die Herstellung solcher formenreichen Pfettenköpfe geschah folgendermaßen:

Zunächst wurde an der vierkantig behauenen Pfette beiderseits das Ausschnittmuster vorgezeichnet, dann der Balken winkelig an den Profilpunkten eingesägt. Hierauf wurden nach den Endpunkten dieser Schnitte die Profillinien erst roh mit der Hacke, dann mit dem Stemmeisen fein nachgearbeitet und schließlich quer gegen die Längsfaser des Holzes die Unterfläche der

 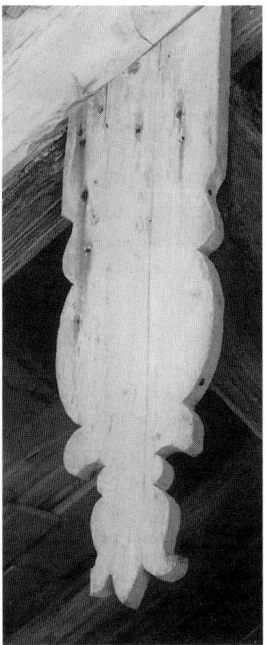 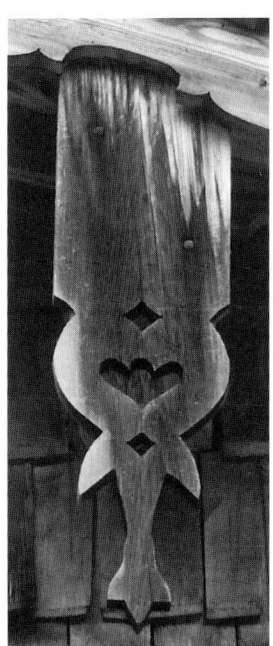 

Pfettenbretter schützen das Pfettenende vor Witterungseinflüssen und zeigen einfache bis kunstvolle Formen.

Konsole sauber nachgehobelt. Die längs der Ausschnittlinien etwa vorhandenen Abfasungen (Abrundungen) stellte man mittels Kehleisen oder Reifmesser aus freier Hand her.

Zur Verschalung des der Witterung stark ausgesetzten Endes der Pfetten dienten allerorts die sogenannten Stirnbretter. Je nach Ausführung des Holzbaues finden sich hier kunstvolle, laubsägeartige Ausschnitte neben einfachen Formen.

Vordachschalung:

Großes Augenmerk schenkten Bauherren und Zimmerleute auch der Unterfläche des Vorda-

   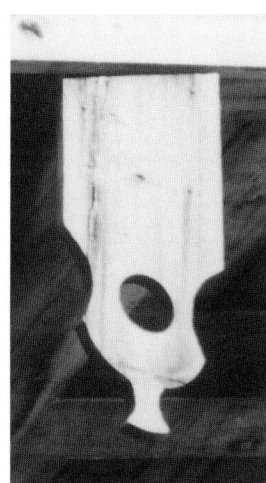

Balkon beim Strohlehengut in St. Veit im Pongau.

8. GÄNGE UND BALKONE

Im hölzernen Aufbau des Obergeschoßes beeindrucken bei vielen älteren Häusern die kunstvoll gearbeiteten Gänge. Bei ihnen liegt vielfach ein Schwerpunkt des architektonischen Hausschmuckes. Die Ausführung der Gangträger, Gangsäulen und Ständer ist meist kunstvoll, widerspricht aber niemals dem Charakter des Holzes. Besonders formenreich sind die Ausschneidearbeiten an den Gangbrettern, die wie bei vielen anderen Teilen des Hauses von der einfachsten Art bis zu ausgesprochen kunstvollen Verzierungen reichen. Zu späterer Zeit ergab es sich, daß nicht mehr der Holzteil Träger des Ziermotivs war, sondern dieses durch die lichten Ausschnitte zwischen den Balkonbrettern gestaltet wurde.

ches. Dieses wurde an der Giebelseite in besonders sorgfältiger Weise verschalt.

Je nach Lage der Bretter trifft man eine waagrechte oder schräge Verschalung, die Gräten- und die M-förmige Schalung sind vor allem bei jüngeren Bauten zu finden. Bei manchen Häusern erhielten die Verschalbretter auch durch Abfasung, Kehlung oder Profilierung der Ränder eine eigene Verzierung und belebten so die Sichtfläche der Vordachschalung.

Die oft in schmuckvollster Weise angefertigten Balkone alter Häuser geben Zeugnis von Sorgfalt und Können der Zimmerleute in früher Zeit. Sie beweisen aber auch eine bewundernswerte Technik in der frühen Holzverarbeitung.

Ilghaus in Tamsweg.

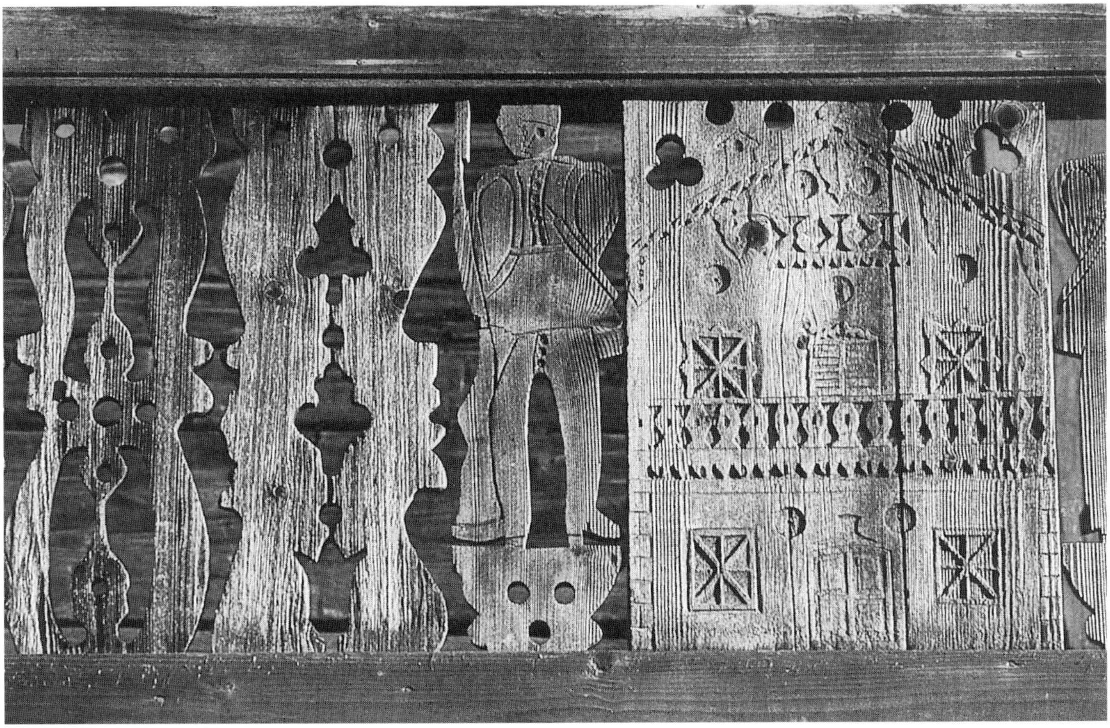

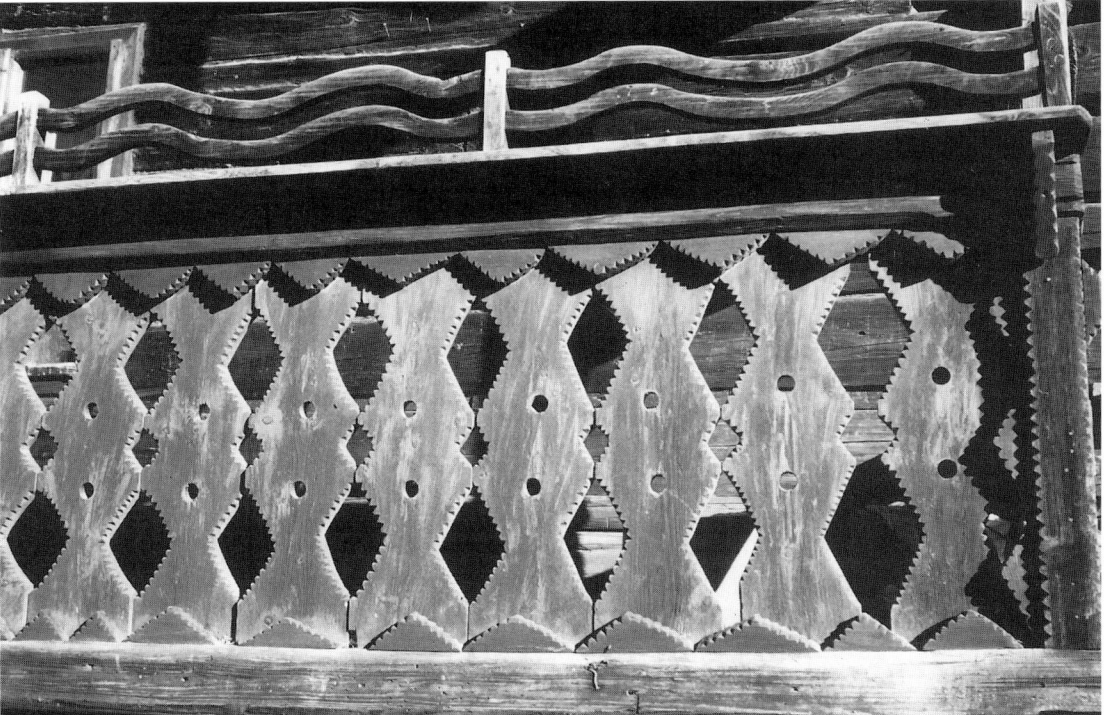

Kunstvoll gearbeitete Balkone beeindrucken bei vielen alten Häusern.

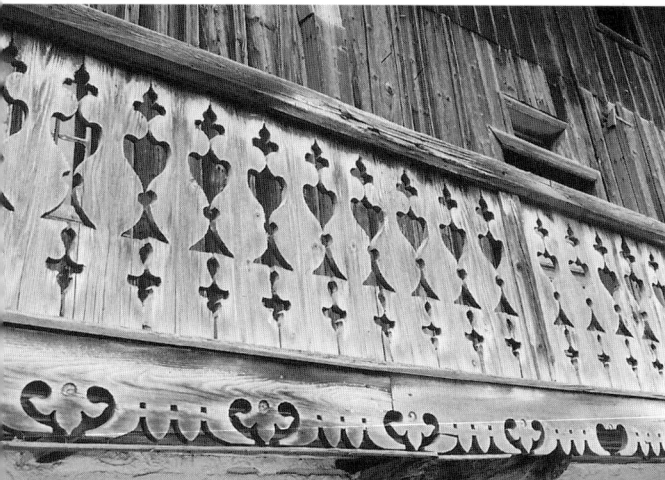

Schwierige Ausschnitte bei Verzierungen, wie etwa Balkonbretter, sind bei alten Musterbauten in der Regel in einer Weise vorgenommen, die den Eigenschaften des Holzes (z. B. Längsfaserrichtung der Bretter) optimal entspricht.

9. DAS SCHINDELDACH

In ländlichen Gebieten war das Holzschindeldach einst weit verbreitet. Vor allem das urtümliche Legschindeldach, bei dem die Schindeln mit einem Lagenabstand von etwa 25 cm aufgelegt werden, ist jetzt nur mehr selten am Bauernhof anzutreffen. Weil dieses Dach gegen Wind- und Wetterschäden mit Schwerstangen und den daraufliegenden Steinen geschützt werden mußte, ist auch die Bezeichnung „Schwerdach" gebietsweise gebräuchlich.

Während beim luftigen Schwerdach die etwa 80 cm langen Schindeln beim Eindecken (von unten zum Dachfirst hin) in jeweils drei Scharen aufgelegt wurden, befestigten die Dachdecker die Schindeln bei dem meist etwas steilen Schardach mit Nägeln. Gut verstanden es einst Bauern und Dienstboten, die Schindeln beim

Das einst weitverbreitete Legschindeldach oder Schwerdach ist heute nur mehr selten anzutreffen.

Untersicht eines einfachen Schwerdaches: Auf dem Firstbaum und dem darunter gleichlaufenden Tragbaum liegen die leichtgeneigten Sparren (Rafen) auf. Darauf befinden sich in Längsrichtung verlaufende zweiseitig zugehauene Stangen, auf denen die Legschindeln ruhen.

Eindecken so anzuordnen, daß die Klüfte der unteren Schindelreihe von der nachfolgenden Reihe schuppenartig überdeckt wurden. Nur mehr wenige Handwerker und Bauern vermögen es noch, ein Schwerdach nach alter Art anzufertigen. Längst verdrängten fabriksgefertigte Hartdacheindeckungen das altbewährte Legschindeldach. Nicht nur die Errichtung der Schindeldächer erforderte handwerkliches Geschick, auch die laufende Instandhaltung verlangte viel Erfahrung und Können, denn von Zeit zu Zeit war es notwendig, die Dächer zu überprüfen und umzuschichten. Fand sich eine schadhafte Stelle, galt es, die passenden Schindeln einzusetzen, und zwar so, daß die Fugen der nebeneinanderliegenden Schindeln durch die Schindeln der nächsten Lage abgedeckt wurden. Meist erfolgte das „Richten" des Dachholzes am Bauernhof im Winter.

Zur Sicherung der Schwerstangen werden an diesen hölzerne Zapfen eingelassen.

gesucht, da hervorragend geeignet, waren möglichst geradwüchsige, astreine Bäume oder nur leicht drehwüchsige mit glatten Stämmen. In sich stark gedrehte Bäume lassen sich schlecht spalten und sind deshalb für die Herstellung der Schindeln ungeeignet. Meist wußten unsere Vorfahren genau jene Waldorte, wo die besten „Dachbäume" wuchsen, Bezeichnungen wie Schindelegg, Schindelboden usw. erinnern daran. Bei der Auswahl der richtigen Dachbäume schlugen die Dachbaumsucher am Wurzelanlauf oder Stamm mit der Hacke eine kleine Kerbe und zogen diese ein Stück entlang des Baumes. Je nach Verlauf nach links oder rechts sprach man von „nachsinnig" bzw. „widersinnig". Verlief die Kerbe vom Betrachter aus am Stamm in gerader Richtung oder leicht nach links (nachsinnig), so war anzunehmen, daß sich der Stamm gut spalten läßt. Aber selbst geradwüchsige und nachsinnige Bäume besitzen nicht immer gute Spaltbarkeit.

Zuvor stellte sich die Aufgabe, geeignete Bäume aus dem Eigenwald oder dem Servitutsholz auszusuchen. Für die Schindelerzeugung

Schindeln decken nicht nur Dächer, sondern auch Fassaden.

Mit dem Kletzeisen wird der Holzklotz meist quer zu den Jahresringen gespalten. So entstehen Kletzschindeln. Je nach Holzbeschaffenheit ist auch eine Spaltung längs der Jahresringe möglich. Man nennt diese Brettschindeln. Radial gespalten heißt „über den Span", tangential gespalten heißt „über das Brett".

Im mundartlichen Sprachgebrauch kennt man hier ein spezielles Wort. So ein Baum ist „zwiedrahtig", das heißt, er ist in sich zwei- oder mehrfach gedreht und deshalb schlecht spaltbar. Den Faserverlauf der Bäume können auch Blitzeinschläge anzeigen. Im Gegensatz zu geradwüchsigen Bäumen fährt der Blitz bei starkem Drehwuchs drallartig über den Stamm zur Erde. Dazu kommt, daß der Blitz besonders häufig in Bäumen mit „nachsinnigem" Faserverlauf einschlägt.

Auch Fachleute sind sich nicht einig, ob die Drehwüchsigkeit der Bäume eine Folge der Windeinwirkung oder eine genetische Veranlagung des jeweiligen Baumes ist. In diesem Zusammenhang kann ich auf persönliche Beobachtungen und Erfahrungen hinweisen. So konnte ich feststellen, daß Bäume vom selben Standort mit gleicher Windeinwirkung und sonstigen Voraussetzungen sowohl geradwüchsig als auch leicht oder stark drehwüchsig (nachsinnig oder widersinnig) sein können. Für mich liegt der Schluß nahe, daß die Drehwüchsigkeit der Bäume eher deren Erbanlagen zuzuschreiben ist. Auch die Begriffe „nachsinnig" und „widersinnig" werden nicht überall gleich ausgelegt. So werden diese Ausdrücke oft danach gedeutet, ob sich der Drehwuchs im Sinne der scheinbaren Sonnenbewegung oder dagegen windet. Eigentlich sollte man hier von „-sünnig" sprechen, da der Begriff mutmaßlich von „Sunn" (Sonne) abgeleitet ist. Man vergleiche dazu das „einsünnige" Heu, das nur einen Tag lang getrocknet wurde. Eine weitere Auslegung besagt, daß die Rechtsdrehung bei Pflanzen als die vorherrschende Wuchsrichtung „im Sinne" oder „nach" der Natur ist. Auch hier kann ich eine interessante Erfahrung einbringen. Die weit verbreitete Meinung, die meisten Bäume wachsen nachsinnig (nach dem Sonnenverlauf und im Uhrzeigersinn) trifft nicht bei jedem Waldbestand zu. Erst kürzlich wurde ich bei der Suche nach geeigneten Dachbäumen in meinem Försterbezirk in St. Veit im Pongau eines Besseren belehrt. Von den 50 ausgewählten und getesteten Bäumen waren 40 widersinnig und 10 nachsinnig. Daraus ergibt sich eindeutig, daß nicht in jedem Baumbestand nachsinnige Bäume vorherrschen.

Von den ausgesuchten und gefällten Bäumen schnitten die Schindelmacher mehrere Museln

Mit dem Reifmesser werden die Schindeln auf der „Hoanzlbank" „geputzt" und „gespranzt".

(kurze Stammteile) in Holzklötze, mit einer Länge von etwa 80 cm für das Legschindeldach oder 50 cm für das Schardach ab. Aus den halbierten und geviertelten Museln klob man sogenannte Dreilinge und daraus mit der Kletzhacke und dem Kletzschlögel die Schindeln. Vorher wurde an den Dreilingen der Kern abgetrennt. Meist verlief die Spaltrichtung vom Außenrand zum Kern (Span) hin. Je nach Holzbeschaffenheit kann das Spalten quer zum Kern (brett) besser möglich sein. Wie mir mehrere Auskunftspersonen erklärten, wurde beim Eindecken mit Brettschindeln darauf geachtet, daß die Kernseite nach oben zu liegen kam. Dadurch konnte ein starkes Verwerfen der Schindeln (seitliches Aufkrümmen) weitgehend verhindert werden. Die Schindel für das Schwerdach war meist aus Fichtenholz, während für das Schardach Lärchenholz besser geeignet war. Bei Lärchenholz wurde zunächst das helle, weiche Splintholz entfernt, die Schindel mit dem Reifmesser auf der „Hoanzlbank" noch geputzt und am unteren (stärkeren) Ende gespranzt (entkantet).

Die nun fertigen Schindeln wurden an trockenen Orten sorgsam in „Dachkästen" kreuzweise aufgestapelt und eingeschwert. Erst im folgenden Jahr konnte das Dach gelegt werden, daher stammt die Redensart – *„Ein warmes Schindel ersäuft beim ersten Regen."*

Auch beim Dachdecken legten unsere Vorfahren großen Wert auf die Mondphasen. Da die Schindeln beim lockeren Schwerdach gegen

Kreuzweise aufgestapelte und eingeschwerte Schindeln in den sogenannten Dachkästen.

Wetterschäden möglichst ruhig liegen bleiben sollten und zur Vermeidung von Wetterschäden erfolgte das Eindecken bei abnehmendem Mond. Dem festgenagelten Schardach hingegen brachte ein Aufdrehen der Schindel eine bessere Durchlüftung und Austrocknung. Beim Eindecken des Schardaches bevorzugten deshalb manche Dachdecker auch zunehmenden Mond.

Wie bei vielen anderen Holzarbeiten widersprechen sich auch hier die Meinungen. Viele Bauern greifen auf ihre eigenen Erfahrungen zurück und richten sich bei der Arbeit auch danach. Für die Schindelerzeugung wird im allgemeinen geradwüchsiges oder leicht nachsinniges Holz verwendet, da es sich leichter spalten läßt. Manche Bauern bevorzugen aber für die Erzeugung der Legschindeln leicht widersinniges, noch spaltbares Holz. Unter Fachleuten ist allgemein bekannt, daß widersinniges Holz wesentlich ruhiger bleibt als nachsinniges. Deshalb sollen Legschindeln aus leicht widersinnigem Holz besonders ruhig und fest liegen.

Über das Dachrichten schrieb der Pinzgauer Mundartdichter Max Faistauer:

DIE DACHSCHINDL

Mit Dachschindln machst a guats Dach. A lärchas Schindldach. Und schön ist's. So schön grau – und mit Stoan eingschwa(r)scht. Oanfach mit oanfache Stoan. Und so gfierig. Viermal hast a ganz a nois Dach mit oaner Schindlleg.

's erschtmal liegg s'da, oan Seit untein und die an(d)er obmauf. Und obmauf is' va oberbeig her halbat a(b)deckt. A so liegg s' vier Jahr.

Nachand weaschd s' umdraht, da liegg alsan nand die Unterseit obm und die ober unt, alsan so, daß die, die was zerscht unt glegn ist, hiatz obm liegg.

Wann wieder vier Jahr um hand, muaßt die ganz Schindl nit kad umdrahn, du muaßt es fruahdlengst aufdrahn. Da kimb nand die unterbeig Seit obmauf hin und die oberbeig unteichi.

Nach zwölf Jahr, bein drittn Umlegn müa(ß)t hiatz oan Flecki noh nia unterbei obmauf glegn sein. Da kheascht alsan hiatz die unterbeig Oberseit untei eichi und die oberbeig Oberseit umdraht acha, so daß s' unterbei obmauf liegg.

10. DER GLOCKENTURM AUF DEM BAUERNHAUS

Auf fast jedem Bauernhaus war einst ein Glockenturm angebracht. Stolz ragte das schmucke, oft sehr einfach angefertigte Türmchen in die Landschaft und unterschied Haupt- und Wohngebäude weithin sichtbar von den übrigen Bauten. Wie das Wetterkreuz als Schutzsymbol auf der höchsten Stelle des Berges thront, hat der Glockenturm auf dem Dachfirst seinen festen Platz.

Der Glockenturm ist der „Schutzmantel", das „Haus" der Glocke. Glocken waren schon in der Antike bekannt und fanden später im christlichen Kult Verwendung. Seit altersher hatte die Glocke auch auf dem Bauernhaus nicht nur die Funktion eines Signalinstrumentes, vielmehr sagte man Klang und Geläut Zauberkräfte nach. Sie konnte nach dem Volksglauben böse Geister, Teufel und Hexen sowie Krankheit und Unwetter von Haus und Hof abhalten. Sehr alt ist auch der Brauch, Segenszeichen und Heiligenbilder auf Glocken anzubringen, um ihre „heilsame" Wirkung zu verstärken. Fiel etwa in den Sommermonaten Schnee, so wurde früher überall die Hausglocke geläutet und verschiedene Gebete und Sprüche dazugemurmelt. So lautet ein Spruch aus dem Großarltal:

Ziach den Strong zum Ginggong,
daß da Schnee's Droad nit brennt,
und z'Eßn bleibt füar d'Arbeitshänd,
daß da Schnee nit fallt zu long,
gingong, gingong, gingong.

Bergbauernhof „Löckenwald" in Filzmoos, im Hintergrund ist die Bischofsmütze sichtbar.

Von links nach rechts: Reitgut/St. Veit; Grasreit/Großarl; Zandlgut/Großarl.

Gerade in abgelegenen Seitentälern des Salzburger Landes gab es Bergbauern, die unter schwierigen Bedingungen und ärmsten Verhältnissen ihr Auslangen finden mußten. Nur das Allernotwendigste zum Leben war vorhanden. Zimmermannskunst und reiche Verzierungen am Bauernhaus waren hier selten anzutreffen oder kamen nur in äußerst bescheidener Form

Von links nach rechts: Gschwandtgut/Taxenbach; Obergaßgut/St. Johann; Krotenmoosgut/Rauris.

Von links nach rechts: Embachrain/Taxenbach; Bauernhof St. Veit; Leitengut, Embach/Lend.

zur Ausführung. Dies fand auch bei der Konstruktion des Glockenturmes seinen Niederschlag. Auffallend aber war, daß selbst einfachste Türmchen auf schlichten Holzbauten nie ihre Wirkung verfehlten. Mit Feingefühl wurde der Glockenturm auf das jeweilige Gebäude treffend abgestimmt. Ein zu reich ausgestattetes und geschmücktes Türmchen auf einem bescheiden aufgezimmerten Bauernhaus würde gewiß den harmonischen Gesamteindruck gestört haben.

Bei der einfachsten Art Glockenturm verwendete man ein gabelartiges Astholz, das mit der Gabel nach oben an der Firstpfette befestigt wurde. An einem durch die Gabel gezogenen Eisenbolzen hing die Hausglocke. Neben ähnlichen Konstruktionen findet sich öfter jene, bei der an der Firstpfette in geringer Entfernung zwei Kanthölzer liegen, die mit einem Querstück verbunden sind. Bei diesen Arten ist das Glockentürmchen nichts anderes als ein aufgesetzter, mit einfachem, meist kleinem Satteldach überdeckter Glockenstuhl.

Wohlhabende Bauern begnügten sich nicht mit so bescheidenen, meist selbst angefertigten Konstruktionen. Für die Hausglocke fertigten Handwerker eigene türmchenartige Gehäuse an. Nicht selten entstanden liebevoll konstruierte Kunstwerke, die oft den Stolz und Hauptschmuck eines Gehöftes bildeten und noch heute bilden. Es ist erstaunlich, welch außerordentlichen Formenreichtum Glockentürme aufweisen.

Grundsätzlich unterscheiden sich die Türme durch ihre Böden, die entweder quadratischen Grundriß oder ein regelmäßiges Polygon (meist Sechseck oder Achteck) aufweisen. Bei quadratischem Grundriß sind an den Eckpunkten die Stützen eingesetzt, die das Dach tragen. Bei polygonen Formen geht die Grundrißform in jene des den Polygon umschreibenden Kreises über und ist demnach als kegelförmiges Dach konstruiert. (Die Eindeckung mit Schindeln war so leichter möglich.) Minunter fehlt bei Glockentürmen der untere Boden, die Stützen sind hier einfach in den Ständer eingelassen. Oft sind

Besonders reich verzierter Glockenturm am Zehenthof in Reitdorf/Flachau.

die Rahmen der Böden durch horizontale oder vertikale Ziehbretter und Leisten verkleidet. Gegen seitliche Windstöße befinden sich in den Türmchen mehrere Streben, die oft reiche Verzierungen zeigen: häufig phantastisch ausgedachte Tierfiguren oder der Pflanzenwelt entnommene Ornamente.

Bei älteren Türmen ist das Dach meist mit kleinen, mühevoll gefertigten Schindeln gedeckt. Später setzte sich gebietsweise auch die Blecheindeckung durch. Selten fehlt an der Spitze des Glockenturmes die Wetterfahne, der Wetterhahn oder die Darstellung eines anderen Tieres. In Gebirgsgegenden sind auch verschiedene Wildarten wie Gemse, Hirsch, Birkhahn und dergleichen anzutreffen. Meistens findet sich aber der Turm- oder Wetterhahn auf der Turmspitze. Immer schon galt er als wachsamer Tagverkünder, Wetterprophet und als Beschützer des Hauses. Schon im alten Persien war der Hahn bekannt als Tier der Frühe, „Rufer und Künder der göttlichen Morgenröte". Auch die Griechen kannten den „alektryon" als „Abwehrer" und Beschützer.

Trotz schmuckvoller Ausführung durch geübte Zimmermannshand erhielten viele Türmchen als zusätzlichen Aufputz noch reichliche Bemalung in den Farben Rot, Grün oder Blau. Leider sind die schönen Bemalungen bei vielen alten Türmchen durch Verwitterung verloren gegangen. An besonders zierlichen Konstruktionen finden sich vergoldete Holzglöckchen oder andere Ornamente.

Nach wie vor werden bei vielen Bauernhäusern Glockentürme aufgesetzt, aber sie dienen heute bloß als Zierde. Die Glocke als Signal für das alltägliche bäuerliche Leben hat ihre Bedeutung verloren. Das einst so vertraute Glockengeläut ist nur mehr selten zu vernehmen, dies ein weiteres Opfer der neuen Zeit.

IX. ÜBER ZAUN, HAG UND SCHRÄG

1. VON DREIERLEI ZÄUNEN

Seit Urzeiten hatte der Mensch das Bedürfnis, das durch ihn kultivierte und genutzte Land abzugrenzen, einzufrieden und vor Eindringlingen zu schützen. Der „Friedzaun" galt als Zeichen für Eigentum, Sicherheit und Ordnung. Die Errichtung von Zäunen und Einfriedungen war immer schon Grundvoraussetzung für eine geordnete Land- und Viehwirtschaft. Schon sehr früh wurden die Bauern in Salzburg verpflichtet, neben den Umzäunungen der Güter auch ihre Almweiden gegen angrenzende, dem landesfürstlichen Forstregal zugehörige Fichten- und Tannenwälder abzuzäunen. Bei den seinerzeit üblichen „Speltenzäunen" rammte man Spelten aus Fichten- und Tannenholz schräg und kreuzweise in den Boden.

Neben dem allgemeinen Landrecht, das Erzbischof Friedrich III. um 1328 ergehen ließ, wurden regelmäßig in jedem Gericht und in jeder Herrschaft besondere Landrechte zusammengetragen und bei öffentlichen Landtagen oder „Ehehafttaidingen" verlesen. Der Richter befragte hierbei die Untertanen nach bereits überlieferten und althergebrachten Regelungen. Gesetzeskundige, erfahrene, meist ältere Untertanen gaben bei diesen Taidingen dem Richter auf eine Frage hin an, was nach bisher geübter Rechtssprechung üblich war. Neben anderen Angelegenheiten kamen auch Grund- und Nutzungsrechte zur Absprache. Da es in Grundsachen immer wieder Streitigkeiten gab, wurde der Umzäunung in den Salzburger Taidingen breiter Raum gegeben und mit Nachdruck das Errichten und Instandsetzen der Zäune angeordnet. Je nach Funktion und Ausführung unterschied man in den Taidingen „von dreierlei zeunen".

Wenn der Boden frostfrei ist, beginnt am Bauernhof das Zäunen. Bestehende Zäune werden ausgebessert, die Zaunstecken nachgeschlagen, lockere Zäune abgerissen und wieder neu aufgestellt. Je nach Schneelage folgt dem Zäunen am Hof diese Arbeit ab Anfang Mai auf den Niederalmen und ab Juni auf den Hochalmen. Für die oft kilometerlangen Zäunungen benötigen zwei bis drei Mann mehrere Wochen. Um Schäden an den Zäunen zu verhindern, ist ein Umlegen der Zäune im Spätherbst erforderlich. Bei den Heimlehen bleiben die stabilen Zäune während des ganzen Jahres stehen. Viele Almen liegen oberhalb der Baumgrenze, früher wurde deshalb das Zaunholz in besonderen Bündeln auf den Berg getragen.

Widerstandsfähige Flechtzäune wurden besonders als Hofzäune verwendet. Ab dem 17. Jahrhundert wurde diese Zaunart in Salzburg nicht mehr errichtet.

Wie mir eine Gewährsperson aus Embach im Pinzgau erklärte, haben bis heute viele alte, den Holzbezug und das Zäunen betreffende Regelungen ihre Gültigkeit. Obwohl neben anderen bäuerlichen Einrichtungen an Haus und Hof auch alte Zaunformen immer mehr aus dem Landschaftsbild verschwinden und durch unschöne Stacheldraht- und Elektrozäune ersetzt werden, unterscheidet der Bauer nach wie vor zwischen den drei altüberlieferten Zaunformen: Zaun, Hag und Schräg.

Der beträchtliche Holz- und Arbeitsaufwand, aber vor allem der Personalmangel am Bauernhof sind die Ursache, warum unsere wunderschönen, in die Landschaft passenden Zaunformen immer mehr verschwinden. Hatten die Bauern in der Zwischenkriegszeit noch genug Arbeitskräfte, so leerte sich im Laufe der letzten Jahrzehnte die Dienstbotenstube. Zur Errichtung und Erhaltung alter Zauntypen hatten einst bei größeren Bauern mehrere Knechte wochenlang Arbeit. Die Erlöse aus den Produkten der Landwirtschaft reichen heute nicht mehr aus, um Landarbeiter einzustellen, die Bauersleut sind jetzt bei der Arbeit meist auf sich allein gestellt. So ist auch verständlich, daß die vergleichsweise billigen und einfachen Stacheldraht-, Elektro- und neuerdings auch Solarzäune gerade bei der Grünlandbewirtschaftung bevorzugt werden und alte Zaunformen eher als Zierde bei Bauern- und Wohnhäusern oder Fremdenverkehrseinrichtungen anzutreffen sind.

Nägel und Drähte waren früher am Bauernhof rar, Holz dagegen war ausreichend vorhanden. So ist es nicht verwunderlich, daß ursprünglich Zäune nur aus Holz errichtet wurden. Mit komplizierten Verkreuzungen von schräg gestellen Stecken und Latten entwickelten sich im Laufe

Rantenzaun.

Stangenzaun.

Dunkelzaun.

Lichtzaun.

Bretterzaun.

Kreuzzaun.

Steckenzaun.

Schräghag.

Schwartlingzaun.

der Zeit verschiedenste Umzäunungsformen. Noch vor etwa 100 Jahren gab es allein in Salzburg nicht weniger als 14 Zaunformen verschiedenster Machart. Unsere Zäune stellen ohne Zweifel älteste bäuerliche Handwerkskunst dar. Ihre Errichtung erforderte große Geschicklichkeit, gutes Augenmaß und Sinn für Harmonie. Dienstboten, die es verstanden, einen festen Zaun zu errichten, waren bei ihren Brotgebern immer gefragt. Leider beherrschen heute nur mehr wenige der jüngeren Bauern die Kunst des Zäunens nach alter Art.

2. „NACHSINNIG" UND „WIDERSINNIG" BEIM ZÄUNEN

Allein das Zurichten des Zaunholzes erfordert Erfahrung und handwerkliche Kenntnisse. Wie das Holzziehen war auch das „Zaunholzrichten" eine Winterarbeit. Kilometerlange Umzäunungen benötigten besonders bei Großbauern eine Unmenge Holz.

Zunächst galt es, die richtigen Bäume am richtigen Standort zu finden. Vor der Schlägerung prüften die Knechte, nach welcher Richtung sich das Holz bzw. der Stamm drehte. Damit sich der Baum zur Spaltung für Stecken und Girschten gut eignet, sollte die Längsfaser eines gerade gewachsenen Stammes möglichst senkrecht verlaufen oder leicht nachsinnig sein. Der Fachmann spricht von „nachsinnig", wenn der Wuchs der Faser am Stamm von links nach rechts erfolgt. Gleich der Bewegung eines Uhrzeigers ist das in der Draufsicht eine Rechtsdrehung. Im Gegensatz dazu wird eine Linksdrehung des Stammes als „widersinnig" bezeichnet. Interessant dabei ist, daß sich widersinniges Holz in der Regel viel schlechter spalten läßt.

Um eine bessere Bearbeitung zu ermöglichen, wählte man möglichst astreine Stämme aus. Meist wurden für Girschten (schräg eingelegte Hölzer im Zaun) Fichtenstämme mit einem

Der Kreuzzaun ist besonders im Lungau gebräuchlich.

Stempelzaun. Bei dieser Zaunform liegen die Stangen auf Holznägeln auf, die in den Zaunpfahl eingeschlagen wurden. Zu den Zaunpfählen parallel eingetriebene Stecken verhindern das Abrutschen der Stangen. Um Schäden durch Schnee zu verhindern, werden die Stangen im Winter abgenommen.

Durchmesser von etwa 20 cm verwendet. Sie ergaben die richtige Breite der Girschten. Für die Stecken eignet sich am besten Lärchenholz, weil es der Erdfeuchtigkeit wesentlich länger standhält. Allerdings hat Lärchenholz den Nachteil, daß es in der Regel weniger leicht spaltbar ist als Fichtenholz.

Die für die Girschtenerzeugung auf 2,70 bis 2,80 m abgelängten Stämme wurden mittels Kliebhacke und Keilen waagrecht zum Kern aufgespalten und anschließend noch geviertelt. Gleich einem Tortenstück spaltete man daraus Einzelstücke und zwar so, daß die Girschten am Außenrand noch eine Stärke von 4 bis 6 cm hatten, auf ihrer Innenseite aber spitz bzw. einkantig zusammenliefen.

Die Stecken aus Lärchenholz hatten eine Länge von 1,40 bis 1,80 m. Die gleich den Girschten geviertelten Teile spalteten die Zaunholzrichter in 4 bis 5 cm breite Segmente und schließlich noch parallel der ganzen Stammlänge nach in etwa 4,5 cm starke Einzelstücke. Um das Einschlagen in den Boden zu erleichtern, wurden die Lärchenstecken an einem Ende mit der

Zaunringe. Wenn die Bäume wieder in Saft gehen, werden Fichten- oder Lärchenäste für die Zaunringe gehackt. Nach Säuberung der Äste werden diese über Feuer vorsichtig „gebäht" (erhitzt) und im heißen Zustand zu einem Ring zusammengedreht.

Hacke zugespitzt. Durch die Schrägstellung der Stecken gegeneinander entstehen beim Zäunen die Kreuze, auf welche die Girschten fachkundig aufgelegt wurden. Je nach Anzahl der Kreuze handelte es sich um ein-, zwei-, drei-, vier- oder fünfkreuzige Zäune. Ein richtiger Pinzgauer Zaun (Girschtenzaun, Steckenzaun, Schrankzaun) war in der Regel drei- bis fünfkreuzig, der Hag zweikreuzig und die Schräg nur einkreuzig.

Der Pinzgauer Zaun war im gesamten Alpengebiet, besonders aber, wie der Name schon sagt, im Pinzgau anzutreffen. Er ist nicht nur die dichteste, sondern auch die haltbarste aller Zaunarten. Bei guter und richtiger Zäunung hält er bis zu 30 Jahren. In der Regel fügte man beim Pinzgauer Zaun Stecken und Girschten so dicht aneinander, daß weder „Fuchs, Has' oder Henn" durchschlüpfen konnten. Da beim Hag die Stecken und Girschten in größerem Abstand angebracht waren, entstanden auch größere Lücken. Den Hag errichteten die Bauern hauptsächlich auf Almgebieten. Um Schäden durch Schneedruck und Schneeschub vorzubeugen, trugen sie den Hag im Herbst jährlich um. Noch wesentlich weniger Holz erforderte die Schräg, da die Zaunteile noch sparsamer eingesetzt wurden. Diese Zaunform fand vor allem dort Verwendung, wo eine Einfriedung nur kurzzeitig erforderlich war.

Mit feinem Gespür verstanden es früher die Bauern, einen Zaun in die jeweilige Geländeform einzusetzen. Geht es nach Erfahrung der Alten, so war die beste Zeit zum Zaunsteckenschlagen bei abnehmendem Mond: Die Stecken blieben fest, und der Zaun hielt besser. Die

Zaunmacher bevorzugten Regenwetter bei ihrer Arbeit, weil sich die Girschten besser in die Kreuze drücken ließen und der Zaun Festigkeit gewann.

Verschiedenartige Zaunformen gibt es überall im Land Salzburg, wenige werden noch in ihrer ursprünglichen Art errichtet. Verwendete man früher beim Zäunen ausschließlich Holz sowie Zaunringe aus grünen Fichtenästen oder Lärchenästen, so haben sich auch hier Nagel, Draht u. a. m. durchgesetzt. Neben Zaun, Hag und Schräg finden sich als weitere Typen der Stangenhag, Kreuzzaun, Schwartlingzaun sowie verschiedenste Ausführungen bei Haus-, Vor- und Gemüsegärten. Beliebt sind nach wie vor Holzlattenzäune und sonstige Zaunformen, die von der Holzindustrie in vielerlei Formen angeboten werden.

Verschiedenste Zaunformen finden sich bei Haus-, Vor- und Gemüsegärten (siehe auch vorhergehende Seite).

X. HEUSTADEL IN DER LANDSCHAFT

In einigen Landschaftsteilen zählen die in schlichtester Art errichteten Heustadel zu den häufigsten Holzbauten. Gerade in den Salzburger Gebirgsgauen sind diese zur Zwischenlagerung des Heus dienenden Bauten aus Holz, die in ihrer Ausführung sehr unterschiedlich sind, landschaftstypisch. Josef Eigl, der sich über Jahre der Salzburger Bauernhausforschung widmete, schreibt in seinem Werk „Das Salzburger Bauernhaus" um 1894 über die Blockbauzimmerung der Heustadel im Pinzgau: *„Am besten lassen sich die Details der Konstruktionsbauweise bei der Betrachtung eines jener vielfach kleinen Heustadel darlegen."*

Auch in den Gebirgsgauen Pongau und Lungau, nicht aber im Flachgau, sind heute noch tausende Heustadel in verschiedensten Größen und Formen anzutreffen.

Durch Umstellungen in der Landwirtschaft (z. B. auf Silobetrieb) sind Stadel teilweise überflüssig geworden. In den letzten Jahrzehnten sind deshalb viele Stadel verfallen, ihre Zahl ist in den Gebirgsgauen stark gesunken. Auch die Bauweise, vor allem die Dacheindeckung, hat sich grundlegend geändert. Zahlreiche neuere Stadel wurden nicht mehr in der herkömmlichen Blockbauweise, sondern mittels Bundwerk und Bretterverschalung errichtet.

Nicht selten wird das über Jahrhunderte gebräuchliche Legschindeldach (Schwerdach) heute durch ein häßliches Wellblechdach oder eine sonstige neuartige Hartdacheindeckung ersetzt. Schindeldächer sind heute zu arbeitsaufwendig.

Schon zur Zeit der Erschließung unserer Alpentäler ab dem 11. Jahrhundert gab es Heustadel. Die damals rasch fortschreitenden Rodungen der Wälder vermehrten die landwirtschaftlich genutzten Flächen, verbesserten den Futterertrag und den Viehbestand. Bei den für einen bestimmten Viehstand erbauten Höfen konnte im Heubergeraum, der „Bruggen", nur eine begrenzte Futtermenge untergebracht werden. Für die Zwischenlagerung des Heus war die

Stadel im Lungau.

Doppelstadel in Goldegg.

Doppelstadel in Hüttschlag im Pongau.

Pfarrfeldstadel in St. Veit im Pongau, 18. Jahrhundert (Freilichtmuseum Großgmain).

Errichtung weiterer Bergeräume notwendig. So entstanden die Heustadel. Da der Großteil des Viehs während der Sommer- und Herbstmonate vielfach auf den Heim- und Hochalmen weidete, was bis in die Gegenwart beibehalten blieb, wird das im Winter benötigte Futter bis heute gebietsweise bei guter Schneelage mittels Heuschlitten, je nach Bedarf, zum Heimlehen gebracht.

Heustadel geben nicht nur Zeugnis vom bäuerlichen Arbeitsablauf, sondern gewähren auch einen Einblick in die vielseitige Verwendungsmöglichkeit des Baustoffes Holz.

Vergleichbar mit vielen anderen Holzbauten gebrauchte der Bauer für den Stadel spezielle mundartliche Ausdrücke.

Für den „luftigen" Blockbau genügte in der Regel minderwertiges Holz. Auch dürres, astiges

Einfacher Scherm (Vieheinstand auf der Weide) in Großarl.

Doppelscherm in Eschenau/Taxenbach im Pinzgau.

Heustadel an den Berghängen von Großarl und Hüttschlag.

Einfacher, fester Eckverbund mit den an den unteren Schrotlichten eingelegten „Mäusen" oder „Mausstangen" (dünne Stangen zum Schutz gegen Regen und Schnee).

oder drehwüchsiges Holz aus Durchforstungen und Säuberungen der Waldungen eignet sich zum Aufbau eines Stadels. Gebietsweise bezeichnete man solche Rundlinge als „Walger".

Die untersten vier bis fünf Schrotlichten (das sind zehn bis 15 cm breite Längsspalten zwischen den aufgezimmerten Rundlingen) wurden gegen Regen und Feuchtigkeit, aber auch zum Schutz vor Wild und Weidevieh mit dünnen Holzstangen, den sogenannten „Mäusen", abgesichert. Wo durch das schützende Vordach des Stadels die Nässe nicht mehr schaden konnte, blieben zur besseren Trocknung des Heus die Licht und Luft durchlassenden Längsfugen zwischen den Rundlingen offen. Die Einwurföffnungen für das Heu lassen sich durch Einschubbretter verkleinern oder auch ganz schließen. Der für die Einwurföffnung gebrauchte Ausdruck „Lauchen" stammt laut Mundartforschung vom mittelhochdeutschen Wort „louchen" (verschließen). Auch „Luck" und „Loch" als verschließbare Öffnung sind damit zu vergleichen.

Die verschließbaren Einwurföffnungen bei Stadeln werden als „Lauchen" bezeichnet.

Bei manchen Heustadeln ist ein auf Säulen gestelltes „Pultdachl" seitlich angebaut, unter dem dünne Holzstecken, die „Hiefler", über den Winter aufbewahrt werden. Zum Trocknen des Heus nach längerem Schlechtwetter steckten die Bauern die etwa 2,5 Meter langen „Hiefler" in regelmäßigen Abständen in den Boden und spannten darauf einige Drahtreihen, auf denen das Gras zum Trocknen aufgehängt wurde. Die langen, mit Gras behangenen Vorrichtungen erhielten die Bezeichnung „Schwedenreiter" und kamen erst im Zweiten Weltkrieg durch die Besetzung von Norwegen zu uns.

Viele hölzerne, vom Wetter gebräunte alte Stadel beleben noch immer unser alpenländliches Grünland und zeugen trotz ihrer schlichten Bauweise von gutem Gespür für Form und Gestalt sowie von bäuerlicher Handwerkskunst.

Heustadel prägen unser Landschaftsbild.

XI. DER GETREIDESPEICHER ODER „TROADKASTEN"

Fast um jeden Bauernhof stand einst neben Backofen, Schnitz- oder Machlhütte, Brechlbad, Wasch- und Holzhütte auch ein „Traodkasten". Die oft zierlichen Holzhäuschen hatten meist quadratischen Grundriß und vielfach nur ein hochgestrecktes Erdgeschoß. War ein eigenes Obergeschoß vorhanden, so konnte dieses durch eine Außenstiege erreicht werden.

Der Troadkasten hatte eine wichtige Funktion am Bauernhof, schließlich lagerten hier die über das Jahr erwirtschafteten, lebensnotwendigen Erzeugnisse. An der Decke des Obergeschoßes war eine „Brotleiter" sowie die „Fleisch-Schnoaß'n" angebracht. Dieses aus dünnen Holzstangen angefertigte Gerüst diente zum Aufbewahren von Brot, Speck und Selchfleisch, das vor Mäusen geschützt, in dem kühlen Raum lange frisch blieb. Während Wände, Boden und Decken dicht abgeschlossen waren, strömte durch das engmaschige Gitter der kleinen Fen-

Eingangstür und Fensterlucke eines Getreidekastens.

brachte dem Dieb nach Volksmeinung Unglück und Verderb.

In manchen hölzernen Getreidekästen, besonders im Lungau, ragt das Obergeschoß über die Blockwände des Erdgeschoßes vor („Mauskehr"). Dadurch sollte das Emporklettern und Eindringen von Feldmäusen in die Vorratsräume verhindert werden. Vielfach steht bei diesen Getreidekästen das fensterlose Erdgeschoß im

Ab dem 16. Jahrhundert wurden in manchen Gegenden die hölzernen Getreidekasten durch steingemauerte Speicher ersetzt. Hier ein bemalter Getreidespeicher aus Pichlern im Lungau.

Kreuzdarstellung beim Mongkasten in Embach im Pinzgau, Mitte 19. Jahrhundert.

sterlucken ständig frische Luft. Als Speicher für Getreide, Mehl, Wolle und Leinen bedurfte der Raum eines besonderen Schutzes. So sind auch Getreidekästen oft mit alten Namens- und Segenszeichen sowie Jahreszahlen ausgeschmückt. Zur Abwehr von Unheil und Diebstahl nagelten Bauern nach altem Brauch auch Bock- und Widderhörner oder Hexenbesen und Greifvögel über die Kastentür. Einen Troadkasten aufzubrechen galt in früherer Zeit als besonderes Verbrechen, wurde hart bestraft und

Linke Seite: Kasten Monggut in Embach/Lend im Pinzgau (1819); Kleinrohrkasten aus Goldegg/Weng im Pongau (1584); Hinterweidingkasten in St. Veit im Pongau (1675); Vorderweidingkasten in St. Veit im Pongau; Micheingut-Kasten aus Mariapfarr, 18. Jahrhundert, jetzt Freilichtmuseum Großgmain; Bauernpeterkasten aus Nußdorf/Waidach, 18./19. Jahrhundert, jetzt Freilichtmuseum Großgmain.

Der reich verzierte Michein-Getreidekasten von Lasaberg im Lungau. Eine Rarität stellt das Apostelkreuz mit den zwölf Aposteln im Giebel dar.

Innern durch eine steile Blockstiege mit dem Obergeschoß in offener Verbindung.

Um auch bei starker Sonne im oberen Kastenraum eine übermäßige Erwärmung zu verhindern, befindet sich unter dem einfachen, mit Läden eingedeckten Scherendach eine von der Firstlatte zu den Fußpfetten verlaufende Bretterschalung. Zwischen dieser Schalung und dem Dach kann ständig frische Luft strömen (Vorläufer des heutigen „Kaltdaches").

Im Lungau gibt es neben den hölzernen Getreidekästen auch die als besonderes Wahrzeichen geltenden, reich verzierten und bemalten, gemauerten Getreidespeicher.

XII. ALS DER BAUER NOCH MÜLLER WAR

1. VON DEN ALTEN GMACHL-, FLODER- UND WOLKENBRUCHMÜHLEN

Der Bauer der Vergangenheit beschäftigte sich nicht nur mit Viehzucht und Ackerbau, er war auch Handwerker. Nur wohlhabende Grundbesitzer leisteten sich für die Errichtung ihrer Bauten fremde Handwerker. Um alle Arbeiten in Haus und Hof durchzuführen, bedurfte es umfangreicher Kenntnisse und vielseitigen Fachwissens über Handhabung der Werkzeuge des Tischlers und Zimmermannes. So war der Landwirt auch Erbauer und Betreiber der Hausmühle.

Grundlegende Änderungen in der Bewirtschaftung ließen, speziell in den Gebirgsgauen Salzburgs, wogende Getreidefelder und Wassermühlen fast gänzlich verschwinden.

Nur noch die ältesten Bewohner einer Talschaft wissen um die mühevolle Arbeit des Säens, Pflügens, Eggens, Erntens, Dreschens und Mahlens des Getreides sowie um die Errichtung und den Betrieb einer Wassermühle.

Die Funktionsweise der Wassermühle ist uralt. Die Erfindung wird eigentlich den Römern zugeschrieben, die es vorzüglich verstanden, die Kraft des Wassers nutzbar zu machen. Auch Bauernmühlen funktionieren nach diesem mehr als 2000 Jahre alten Konstruktionsprinzip. Natürlich wurden im Laufe der Zeit Änderungen und Verbesserungen vorgenommen. Die als „Gmach- oder Gmachlmühlen" in Blockbauweise errichteten, vorwiegend quadratischen Holzbauten erhielten ihren Namen daher, daß sie aus nur einem Gemach (Raum) bestanden.

Bei der „Gmachlmühle" sind fast alle Konstruktionsteile aus Holz, so auch das Wasserrad und alle Teile der Kraftübersetzung.

Je nach Wassermenge und Fließgeschwindigkeit (Fallhöhe) gab es ober- oder unterschlächtige Radmühlen. Bei den oberschlächtigen Mühlen ergoß sich das Wasser von oben in die Schächte der vorderen Radhälfte und brachte diese so in Schwung. Das erforderliche Wasser wurde mittels Wasserrinnen aus dem nächstliegenden Bach zugeführt. Das Gerinne aus Holz, auch Fluder genannt, war ursprünglich großteils aus Rundhölzern gehackt und auf Stützen gebaut. Es mußte im Flachgelände von weit zugeleitet werden, um die notwendige Fallhöhe zu erreichen. In den Gebirgsgauen des Landes Salzburg dominieren oberschlächtige Mühlen, da die Mühlgräben oder Bäche in den meisten Fällen genügend Gefälle aufweisen, und so das Wasser leicht von oben her über das Gerinne auf das Mühlrad geleitet werden kann.

Bei unterschlächtigen Radmühlen holen sich die Taufeln (Schaufeln des Rades) das Wasser und somit die Antriebskraft von unten. Dies war nur möglich, wenn der Bach ausreichend Wasser

Mühle in Großarl.

Mongmühle in Embach im Pinzgau.

führte. In manchen Gegenden gab es auch Flodermühlen, die besonders großen Wasserdruck erforderten. Hier übertrug sich die Wasserkraft direkt auf die Antriebswelle der Mahlsteine und erübrigte dadurch das Kamprad (Kamm- bzw. Zahnrad zur Kraftübersetzung). Bei der Flodermühle war das Rad nicht vertikal an der Seitenwand montiert, sondern direkt horizontal unterhalb des Mühlenraumes. Manche Mühlen bezeichnete man im Volksmund spottweise als „Wolkenbruchmühlen", weil das Mühlwerk nur nach starken Regenfällen, wenn es genug Wasser gab, in Betrieb genommen werden konnte.

Besonders die Herstellung des größtenteils aus Lärchenholz errichteten Wasser- oder Mühlenrades war eine aufwendige Arbeit und erforderte großes handwerkliches Können. Meist wurden acht Radspeichen, doppelte Felgen und etwa 30 Taufeln angefertigt. Zur Befestigung der Holzteile verwendeten die Mühlenbauer Schrauben aus Ahornholz. Diese Schrauben hatten den Vorteil, daß sie weder rosteten noch locker wurden. Die Anfertigung eines Wasserrades mit einem Durchmesser von zwei bis vier Metern nahm etwa vier Wochen in Anspruch.

2. DAS INNENLEBEN EINER RADMÜHLE

Im Spätherbst, aber auch im Frühjahr, wenn die Sonne den Schnee schmolz und die Seitengräben mehr Wasser führten, mahlte der Bauer sein Getreide. Die Mühle und alle Teile wurden vorher überprüft. Dann schüttete man das geerntete Getreide in den Getreidetrichter, der auch als Gosse bezeichnet wird. Gemahlen wur-

Flodermühle im Großarltal.

wurde es aus Eichen- oder Weißbuchenholz hergestellt. Die Zähne des bis zu zwei Meter großen Rades fertigte man in mühseliger, kunstvoller Handarbeit aus Mehlbeerholz. Griffen Spindel und Kamprad nicht gut ineinander, ging die Mühle unruhig, und man sprach im Volksmund von einer „Rumpelmühle".

Ob eine Mühle gut funktionierte, hing nicht zuletzt von den Mühlsteinen ab. Damit die Steine gut mahlten, wurden von Zeit zu Zeit die Reibflächen bearbeitet. Man sprach dann vom „Farbrichten" oder „Schneidrichten". Mit Mühlsteinen hatte man schon in frühester Zeit regen Handel getrieben und großen Wert auf besondere Qualität gelegt.

Im Inneren einer Radmühle. Getreidebehälter (Goß'n) und Mühlsteine.

den Roggen, Weizen, Hafer und Gerste, seltener auch Pferdebohnen, die als Futtermittel dienten.

Dann folgte das „Abstoßen" der Mühle, das heißt die wasserführende „Gschoßrinne" (Rinne oberhalb des Mühlrades) schwenkte man über das Mühlrad, das sich nun zu drehen begann. Ein ausgeklügelter Mechanismus setzte ein. Über Kamprad, Spindel und Mühlstange drehte sich der über dem Legerstein liegende Läuferstein. Eine im Läuferstein eingebaute Triangel brachte das unter der „Goß'n" liegende „Goß'ntrögel" in ständige Rüttelbewegung, sodaß die Getreidekörner durch eine Öffnung über die Mühlsteinhöhle zwischen die Mühlsteine gelangten. Auch der Zufluß der Getreidekörner konnte reguliert werden. Die besonders beanspruchten Teile des Mühlenwerkes fertigte man aus Ahorn- oder Birkenholz. Besonders das Antriebsrad (Kamprad oder Kammrad) ist bei alten Mühlen bewundernswert. Gebietsweise

Neben den Mühlsteinen gab es eine Vorrichtung, den sogenannten Steinheber; der Läuferstein (oberer Stein) konnte damit, je nach Bedarf, gehoben oder gesenkt werden. Der Läufer war mit dem hölzernen Mehlreif bedeckt. Das gebrochene Korn kam über eine schmale Öffnung des Mehlreifens in den rüttelnden Mühlbeutel. Der Mühlbeutel war an der sogenannten Beutelgabel befestigt. Die unterhalb der Spindel eingebaute Triangel bewirkte wiederum über das „Beutelmandel" und den „Anschlager", daß es zu der erforderlichen Rüttelbewegung der Beutelgabel kam. Nun fielen die Feinteile der gemahlenen Körner durch die Mühlseide des Mühlbeutels in die Beutel- oder Mehltruhe, während die Hülsen und Grobteile im Mühlbeutel zur Kleietruhe weiterbefördert wurden. Mit dem Rüttelsieb beziehungsweise Säuberer konnten noch einmal die reinen Hülsen (Kleie) abgesondert werden. War die „Goß'n" leer, kam das Mühlrad über einen speziellen Mechanismus, das „Selbstgestell", zum Stillstand. Der Mahlvorgang wurde zwei- bis dreimal wiederholt, eben so oft, bis das Mehl die gewünschte Körnung hatte. Pro Tag konnten etwa drei Metzen gemahlen werden (1 Metzen Roggen = 25 Kilogramm, 1 Metzen Weizen = 28 bis 30 Kilogramm).

Schon zur Zeit der landwirtschaftlichen Erschließung der Alpentäler vom 11. bis zum 13. Jahrhundert, als die Schwaigen und Viehhöfe entstanden, gab es landauf und landab in Salzburg Wassermühlen. Zur Herstellung des unentbehrlichsten Nahrungsmittels, des täglichen Brotes, war der Anbau von Getreide lebensnotwendig. Bis kurz nach dem Zweiten Weltkrieg verwendeten noch viele Bauern ihre Hausmühlen. Besonders die weitgreifende Veränderung der Landwirtschaft ab den 60er Jahren hat die Bauernmühlen überflüssig gemacht und ein weiteres Kleinod unserer Heimat verschwinden lassen. An die vielen, einst in romantischer Gegend gelegenen Mühlen erinnern bemooste Steinfundamente und halbverfaulte Holzteile. Gleich dem Geläut der häuslichen Glockentürme ist auch das Klappern der Mühlen schon lange verstummt.

LITERATURNACHWEIS

I. Aus der Geschichte des Salzburger Waldes
Salzburger Staatsforste: Bericht über Verwaltung und Wirtschaft in den Salzburger Staatsforsten in der Periode 1845–1898
Sleik, Hans: 50 Jahre Salzburger Jägerschaft – Die Bayerischen Saalforste im Pinzgau
Mooslechner, Walter: Lend/Embach – eine Gemeinde im Wandel der Zeit; Agrarstruktur – Forstwirtschaft
Bundesdenkmalamt: Bescheide GZ 22.152/6/94 und 17.092/1992

II. Der Wald erfüllt viele Aufgaben
Bundesministerium für Land- und Forstwirtschaft: Der Wald – das grüne Herz Österreichs
Wald in guten Händen
Salzburger Landesregierung/Landesforstdirektion: Der Wald im Bundesland Salzburg

III. Holz und seine Eigenschaften
Bundesförsterschule Ort/Gmunden: Lernbehelf für Forstbenutzung

IV. Aus dem Holzknechtleben früherer Tage
Mooslechner, Walter: Großarltal – Aus vergangener Zeit
Salzburger Staatsforste: Bericht über Verwaltung und Wirtschaft in den Salzburger Staatsforsten in der Periode 1845–1898

VI. Geheimnisvolles Holzwachstum
Iser, W. D. (ORF Salzburg): Sammlung alter Einschlagsregeln
Textor, H.: Der Stellenwert von Einschlagszeit, Mondphasen und andere Merkwürdigkeiten
Thoma, Erwin: ...dich sah ich wachsen
Matzl, Christoph: Das Geheimnis der Bäume (Kronen-Zeitung)
Präsidentenkonferenz der Landwirtschaftskammern Österreichs – Holzkomitee: Schlägerungszeit und Mondholz

VIII. Das Holz und die Zimmermannskunst
Fiala, Karl: Volkskunst in Salzburg
Eigl: Salzburger Gebirgshaus
Conrad, Kurt: Salzburger Freilichtmuseum/Großgmain bei Salzburg
Mooslechner, Walter: Großarltal – Aus vergangener Zeit
Zeitschrift der Salzburger Volkskultur – Der Glockenturm am Bauernhaus
Weber, Otmar: Die Sator-Arepo-Formel
Freilichtmuseum Großgmain: Beschriftungen im Museum

IX. Über Zaun, Hag und Schräg
Ilka, Peter: Heimat als Erbe und Auftrag – Zaun, Hag und Schräg im Pinzgau

X. Heustadel in der Landschaft
Conrad, Kurt: Zeitschrift der Salzburger Volkskultur – Der Heustadel in der Mittelpinzgauer Landschaft

XII. Als der Bauer noch Müller war
Mooslechner, Walter: Zeitschrift der Salzburger Heimatpflege – In Großarl klappert die Dorfmühle wieder

BILDNACHWEIS

Christian Kurt: 39 o., 47 u., 50
Fiala Karl (Nachlaß): 40, 41, 46, 48, 49, 77, 80 o.
Frauenholz Otmar: 42
Göschl Ignaz: 39 u.
Gruber Michael: 12, 16, 19, 27, 54 li. o., 57 o., 69
Haidinger (Fotohandel): 44, 45
Hubmann Franz: 103 o.
Mooslechner Gottfried: 6
Mooslechner Walter: 7, 8, 9, 11, 18, 20, 21, 22, 25, 28, 29, 30, 33, 34, 35 u., 43 u., 51, 55, 56, 57 u., 58, 60, 64, 65, 70, 71, 72, 73, 78, 80 u., 81, 82, 83, 84, 85, 86, 87, 88, 89, 90, 91, 92, 93, 94, 95, 96, 97, 98, 99, 100, 101, 102, 103 u., 104, 105, 106, 107, 108, 109, 110, 112, 113, 114, 116, 117, 118, 119 u., 120, 121, 122, 123, 124, 125, 127, 128, 129, 132, 133, 134
Mooslechner (Fotosammlung): 74, 75, 76
Oczlon Heinrich: 10, 23, 36, 111, 115, 119 o., 126, 130
Pirchner Josef: 43 o.
Pirnbacher Georg: 83 li. u.
Rohrmoser Peter: 54 o., 54 u. re., 67
Scheffauer Johanna: 47 o., 35 o.
Schmid Herbert: 62